하나님의 아브라함 언약
– 이스라엘과 교회 –

화해를 향한 성경적 로드맵

이스라엘 산 위의 제단, 기초, 기둥을 회복하라

탐 헤스

창세기 15장의 아브라함을 향한 하나님의 언약은 헐몬산 정상에서 이루어졌다

하나님의 아브라함 언약
- 이스라엘과 교회 -

탐 헤스 지음

GOD'S ABRAHAMIC
COVENANTS
WITH ISRAEL AND
THE CHURCH

Brad Book

목차

추천의 글 · 6

헌정사 · 12

1부 아브라함 언약

제1장 하나님의 아브라함 언약은 이스라엘과 영원하다 · 19

제2장 이스라엘 언약의 하나님에 대한 성경 70구절 · 32

제3장 헐몬산에서 아브라함과 맺으신 하나님의 언약
 - 이스라엘 온 땅을 위한 언약 · 48

2부 네 언약 제단의 회복
 - 이스라엘의 집의 기초와 기둥

제4장 세겜 언약의 약속 제단 · 59

제5장 벧엘 언약의 약속 제단 · 72

제6장 헤브론 언약의 약속 제단 · 91

제7장 모리아산 / 예루살렘 언약의 약속 제단 · 99

3부 아브라함 언약
 - 이스라엘과 열방의 믿는 자들

제8장 아브라함의 자녀 된 믿는 자들 · 114

제9장 하나님의 집 - 올리브나무
 마지막 때의 회복과 아브라함 자손의 축복 · 129

4부 언약과 땅

제10장 주님과 결혼할 이스라엘 땅과 백성 · 140
제11장 언약의 제단을 받아들임 · 151
제12장 하나님의 언약과 이스라엘 땅에 관한 성경 600구절 · 164

5부 평화로 가는 길 - 하나님의 계획

제13장 일곱 가지 중동 평화안 · 221
제14장 이스라엘 땅의 그림 지도
 - 에덴동산에서 새 예루살렘까지 · 232

저자 소개 · 248

추천의 글

탐 헤스, 하나님께서 이 감동적이고 영감을 주는 책을 쓰신 당신을 축복하시길 바랍니다! 하나님의 말씀과 이스라엘 집의 참된 부르심과 사명에 신실하신 당신을 하나님께서 축복하시길 바랍니다. 이 책이 많은 유대인, 그리스도인, 무슬림의 마음에 전해져, 우리가 갈망하며 기도하는 평화의 시대에 한 걸음 더 가까이 나아가게 되기를 바랍니다.

모셰 아우만 Moshe Aumann
전(前) 이스라엘 외무부 장관

나의 친구이자 열정적인 기독교 운동가인 탐 헤스는 지난 15년 동안 약 200개국 대표들과 함께, 예루살렘 감람산에서 24시간 쉬지 않는 기도회를 인도해 왔다. 그 목적은 유대인, 그리스오인, 무슬림 간의 화해를 이루기 위함이었다. 그의 신간 『하나님의 아브라함 언약 - 이스라엘과 교회(God's Abrahamic Covenant with Israel And the church)』는, 이스라엘이 그 고대의 땅에서 회복될 것이라는 성경 예언에 대한 그의 믿음을 열정적으로 선포하고 있다.

랍비 조슈아 O. 하버만 Rabbi Joshua O. Haberman
워싱턴 히브리 회당 명예 랍비

세계 지도자들은 하나님께서 아브라함과 맺으신 언약을 이해하지 못하기 때문에 혼란에 빠져 이스라엘에 대해 잘못된 결정을 내리고 있다. 이스라엘이 아무리 많은 '평화 조약'을 체결한다 해도, 구약 성경에 근거한 이 책의 진리를 고려하지 않는다면, 이스라엘에는 결코 평화가 없을 것이다. 이 책은 이스라엘 문제에 관여하는 모든 세계 지도자와 정치인의 손에 반드시 있어야 한다. 언론 또한 이 영원한 언약의 약속들을 이해할 필요가 있다. 그들이 이 책을 읽는다면, 이스라엘에 대해 그렇게 부정적인 견해를 갖지 않을 수도 있다. 이 책을 여러분의 정치인들에게 선물하라. 여러 권을 사서 이스라엘에 관한 결정을 내리려 하는 사람들의 손에 쥐어주기 바란다. 그렇게 한다면 이스라엘 사람들의 피가 여러분의 손에 묻지 않을 것이다.

그웬 R. 쇼 Gwen R. Shaw
미국 '엔드타임 핸드메이든' 창립자 및 대표

이스라엘을 향한 사랑의 마음에서 또 하나의 걸작이 나왔다. 이 책은 성경의 하나님께서 이스라엘 백성과 맺으신 언약의 중요성을 생생하게 포착해 담아낸다. 이 책은 하나님, 그분의 백성, 그리고 성경의 땅 사이에 있는 독특한 관계를 이해하는 열쇠가 될 것이다. 독자는 하나님의 마음을 따라가는 여정을 통해 현재 중동 위기의 해결책으로 이어지는 길을 발견하게 될 것이다.

마일즈 먼로 Myles Munroe 박사

탐 헤스의 최신 저서는 유대인과 그리스도인 사이의 다리 역할을 하고자 하는 열망으로, '중동 평화를 위한 로드맵'에 성경적 관점을 제시한다. 탐은 하나님과 이스라엘 백성 사이에 세워진 네 가지 중요한 언약 제단—세겜, 벧엘, 헤브론, 예루살렘—을 밝히면서, 이스라엘의 적들, 곧 이슬람이 하나님께서 언약하신 백성을 바로 그분이 언약하신 자리에서 뿌리 뽑으려 한다고 말한다. 각 성경적 제단의 자리는 이스라엘 집의 기초이자 기둥이지만, 현재 이슬람 통치 아래 있으며, 이슬람 팔레스타인 국가의 기반으로 제안되고 있다. 탐에 따르면, 이곳들이 바로 오늘날 유대와 사마리아에서 가장 큰 분쟁의 중심지이다. 곧 나블루스(세겜), 라말라(벧엘), 기럇 아르바(헤브론), 모리아산(예루살렘)이다.

제인 한센 Jane Hansen
애글로우 인터내셔널(Aglow International) 회장/CEO

다시 한 번, 탐 헤스는 책 전체에 걸쳐 정보, 도표, 통찰을 가득 담아 하나님의 백성을 위한 샬롬의 길을 독특하게 이해할 수 있도록 열어 준다. 성경적 근거로 가득 찬 『하나님의 아브라함 언약 – 이스라엘과 교회』는 이스라엘과 중동뿐 아니라 궁극적으로 온 세상을 위한, 참되고 유일한 성경적 평화 계획을 드러낸다.

딕 이스트먼 Dick Eastman 박사
에브리 홈 포 크라이스트(Every Home for Christ) 국제 대표

나는 하나님께서 탐 헤스에게 계속해서 주시는, 이스라엘과의 언약에 관한 통찰에 깊이 매료되어 있다. 하나님은 탐을 통해 오늘날 이스라엘을 향한 하나님의 계획을 세계에 깨우치게 하시며, 이삭의 자손과 이스마엘의 자손이 오직 메시아(이삭과 야곱의 후손)를 통해서만 하나 될 수 있음을 보여주신다. 그는 중동의 핵심 분쟁 지역이 바로 아브라함과 이후 이삭과 야곱이 하나님께 제단을 쌓은 곳이며, 하나님이 그들과 그 후손에게 문자적으로나 영적으로 언약을 새롭게 하신 곳이라는 점을 지적함으로써 문제의 핵심을 찌른다. 이 이해는 매우 중요하다.

돈 핀토 Don Finto
Your People Shall be My People 저자, 미국

『하나님의 아브라함 언약 - 이스라엘과 교회』는 이스라엘의 하나님께서 언약에 신실하심을 강조하는 성경적 고찰입니다. 이 책을 읽는 동안, 하나님의 말씀이 반드시 이루어지며, 어떤 반대에도 불구하고 하나님의 이스라엘과 중동을 위한 로드맵이 성취될 것임을 깨닫게 될 것이다.

제임스(짐) W. 골 James (Jim) W. Goll
The Lost Art of Intercession 및 Exodus Cry 저자, 미국

탐 헤스는 이 책에서 하나님의 말씀 전체에 기초한 성경적 로드맵을 제시한다. 이 로드맵은 오늘날 인간적·정치적 로드맵을 넘어서는 권위를 지니고 있다. 이것은 꿈처럼 보이지만, 바로 하나님 자신의 꿈이다. 그분에게는 불가능한 것이 없다. 이 책은 많은 사람들에게 걸림돌이 될 수 있다고 생각한다. 그러나 우리가 자신을 낮추고 모든 생각을 그리스도께 복종시키지 않는다면, 이 메시지를 받아들이지 못할 것이다. 이 책의 주제는 이스라엘과 아랍, 미국이나 UN, EU가 아니다. 핵심 질문은 단 하나다. '이스라엘의 하나님이 참 하나님이심을 우리가 인정하는가?' 이 메시지가, 현재 로드맵 과정에서 책임을 지고 있는 닫힌 문 뒤에 있는 사람들에게까지 전해지기를 기도한다.

게리 켈러 Geri Keller

헌정사

『하나님의 아브라함 언약 - 이스라엘과 교회』를 이스라엘의 언약의 하나님, 곧 유일하신 참 하나님께서 주신 계시와 영감으로 집필하게 된 것은 큰 영광이자 기쁨이었다. 이 책을 전심으로 이스라엘의 언약의 하나님께 바친다. 그분은 자신의 언약을 지키시며, 마음을 다하여 그 앞에 행하는 모든 이에게 긍휼을 베푸신다. 또한, 택하신 이스라엘 백성에게 바친다. 그들이 전심으로 믿고, 의지하며, 사랑해야 할 그들의 놀라우신 하나님은 그들의 유일한 소망이시기 때문이다.

> 이스라엘아 들으라 우리 하나님 여호와는 오직 유일한 여호와이시니
> 너는 마음을 다하고 뜻을 다하고 힘을 다하여 네 하나님 여호와를
> 사랑하라(신 6:4-5)

또한 이 책을 두 특정 공동체에 바치고자 한다. 첫째는, 미국과 다른 나라들, 그리고 이스라엘의 텔아비브와 같은 편안한 삶을 뒤로하고, 이스라엘의 하나님과 그분의 땅에 대한 아브라함 언약을 붙들기 위해 이스라엘 중심부의 제단과 기초, 기둥이 있는 곳에 서 있는 유대인들에게 바친다.

나의 친구 요시 카파흐Yossi Kapach와 같은 가정들이다. 그는 전직 시장으로, 그의 아들은 1987년 벧엘(Beth El)에 있는 자택에서 이슬람 테러리스트들에 의해 살해되었지만, 여전히 믿음으로 서있다.

전 관광부 장관이었던 라비 베니 엘론Rabbi Benny Elon과, 그 밖의 많은 이들은 모두 하나님의 아브라함 언약과 함께 벧엘에 서 있다. 그곳은 하나님께서 아브라함과 야곱에게 온 땅을 약속하신 곳이며, 야곱의 사닥다리가 하늘로 통하는 문이 되었던 곳, 그리고 야곱의 이름이 영원히 이스라엘로 바뀐 곳이다.

핀하스 푹스Pinchas Fuchs는 미국의 편안한 삶을 떠나, 네 명의 가까운 친구들이 테러리스트들에게 살해당하는 것을 목격한 후, 스트레스와 신경 쇠약을 겪으면서도 여전히 세겜(Shechem)과 엘론 모레(Elon Moreh)에 서 있다. 그곳은 하나님께서 처음으로 아브라함에게 땅을 약속하신 곳이다.

메나헴Menachem과 토바 길보아Tova Gilboa는 테러리스트들에게 거의 목숨을 잃을 뻔했고, 다른 때에는 아리엘(Ariel)에 있는 그들의 호텔이 폭탄 공격을 당하기도 했다. 그러나 그들은 이스라엘의 하나님, 그분의 언약과 땅에 대한 깊은 믿음과 사랑을 간직한 채 지금도 여전히 굳건히 서 있다.

데이비드 루빈David Rubin, 실로(Shilo) 시장은 미국에서 이주해, 아들과 함께 총격을 받고 간신히 죽음을 면했으며, 이스라엘의 언약을 지키시는 하나님에 의해 기적적으로 구원받고 치유된 인물이다.

이스라엘의 언약과 함께 서 있는 이들은, 1948년 예루살렘 해방을 돕다가 순교한 아버지 세대 이후, 헤브론 산지의 케파르 에치온(Kefar Etzion)으로 돌아온 모든 자녀들과 손주들이며, 그들은 지금도 여전히 이스라엘의 언약을 위해 굳게 서 있다.

그의 가족은 미국에서 알리야를 하여, 현재 테러리스트들이 그의 친구 수십 명을 살해한 기럇 아르바/헤브론(Kiryat Arba/Hebron)에 살고 있다. 그는 또 자신의 재정을 사용해 미국 유대인들이 기럇 아르바와 헤브론으로 알리야하도록 지원하고 있다.

자신의 집무실에 그리스도인을 위한 기도실을 두었고, 유대인과 무슬림 양측으로부터 공격받은 아리엘 시장 론 나흐만Ron Nachman, 내가 만난 최고의 의사인 닥터 뉴먼Newman과 나의 치과 위생사 에프라타(Ephrata)의 랍비 리스킨Rabbi Riskin, 그리고 예수님의 시대의 선한 사마리아인 여관을 재건하여 유대인과 그리스도인 간의 형제애의 상징으로 세운 마알레 아두밈(Ma'ale Adumim)의 시장 베니 카쉬리엘Benny Kashriel도 있다.

이스라엘의 언약의 하나님을 믿는 모든 믿음의 영웅들은, 아브라함 언약이 세워진 바로 그곳에서 그 언약을 지켜내고 있으며, 이스라엘 집의 기초와 기둥을 붙들고 있다. 대부분의 나라들과 무슬림은 물론, 많은 이스라엘인과 그리스도인까지도 그들을 조롱하고 비웃는다. 심지어 최근의 몇몇 이스라엘 정부마저도 그들을 외면했다. 그러나 그들은 여전히 신실하게 언약을 수호하며, 기초와 기둥을 지키고 있다. 그들 가운데도 다른 운동과 마찬가지로 소수의 극단주의자가 있지만, 대다수는 아브라함 언약에 신실하다. 우리는 그들의 신실함과 담대함을 여호수아와 갈렙과 같은 이들로서 존경한다.

> 예수께서 사두개인들로 대답할 수 없게 하셨다 함을
> 바리새인들이 듣고 모였는데 그 중 한 율법사가 예수를 시험하여 묻되
> 선생님 율법 중에서 어느 계명이 크니이까 예수께서 이르시되
> 네 마음을 다하고 목숨을 다하고 뜻을 다하여
> 주 너의 하나님을 사랑하라 하셨으니
> 이것이 크고 첫째 되는 계명이요
> 둘째도 그와 같으니 네 이웃을 네 자신 같이 사랑하라 하셨으니
> 이 두 계명이 온 율법과 선지자의 강령이니라 (마 22:34-40)

둘째로, 이 책은 모든 역경을 믿음으로 이겨내며, 이스라엘의 하나님과 그분의 아브라함 언약을 위해 서 있는 모든 아랍인들을 기리며 헌정한다. 그들은 예수님을 통해 변화되어, 이스라엘의 하나님을 사랑하고, 이웃을 자기 자신처럼 사랑하게 사랑하게 되었으니, 이는 그들 또한 아브라함의 육적 자손이기 때문이다. 나는 이스라엘의 하나님께 감사드린다. 하나님께서 아랍 세계와 이스라엘에서 구원하신 아랍인들, 그들은 이제 교회가 이스라엘을 대체한다는 모든 형태의 대체신학을 거부하며, 유대인들과 함께 아브라함 언약을 붙들고 서 있다.

요르단의 모압 사람 아피프Afeef는 룻의 고백처럼, "당신의 백성이 나의 백성이 되고, 당신의 하나님이 나의 하나님이 되리이다. 당신이 눕는 곳에 나도 누우리이다"라고 말하며, 아랍인들에게 대체신학을 거부하도

록 가르치고, 그로 인해 일부 친구들에게 거절당했다.

이라크 출신 요셉Yoseph은 아브라함 언약을 굳게 붙들고 서 있으며, 지난 12년 동안 이스라엘의 유대인들에게 '사랑의 미사일'을 보내며 이제는 무너진 사담 후세인 정권의 미사일을 상쇄해 왔다.

예루살렘 출신으로 현재 요르단 암만에 거주하는 조지George는, 1994년 속죄일 직전에 예루살렘의 유대인 지도자 벤야민과 함께 이사야 19장 23절-25절의 언약을 확증하는 시간을 인도했다. 그 언약을 확증한 지 몇 시간 뒤, 암만과 예루살렘을 중심으로 지진이 일어났는데, 이는 기도 응답의 표적이자 이사야 말씀의 첫 열매였다.

예루살렘의 바삼Bassam은 집을 무슬림에게 빼앗겼지만, 예루살렘의 유대인과 아랍인의 화해와 구원, 예루살렘에 대한 하나님의 언약, 그리고 아브라함 언약의 다른 도시들을 위해 서 있다.

터키의 이스마일Ismail은 이스라엘 땅에 대한 하나님의 아브라함 언약과 이사야 19장 23절-25절의 비전을 전적으로 지지한다.

이집트의 에밀Emil과 튀니지의 목타르Mokhtar와 같은 아랍인들은 모든 역경 속에서도 신실하게 아브라함 언약을 붙들고 서 있다. 이들은 과거의 영웅들, 곧 시리아의 나아만, 요르단의 룻, 이스라엘의 선한 사마리아인, 그리고 이집트의 안와르 사다트Anwar el-Sadat와 같은 인물들처럼 오늘날의 영웅들이다. 그들은 이사야 19장 23절-25절과 시편 87편에 기록된 것처럼, 이집트에서 이스라엘과 앗시리아로 이어지는 대로를 예비하며 메시아의 오심을 준비하고 있다.

1979년, 이집트의 안와르 사다트와 이스라엘의 메나헴 베긴 Menachim Begin은 오늘날까지 유지되고 있는 평화 협정에 서명했다. 이어 1994년에는 이츠하크 라빈Yitzhak Rabin 총리가 이끄는 이스라엘과 후세인Hussein 국왕이 이끄는 요르단이 평화 협정에 서명했으며, 이는 25년이 넘도록 이어져 오고 있다.

진정한 평화(샬롬/살람)를 보기 위해서는, 성경을 믿는 유대인과 그리스도인(아랍 그리스도인을 포함)이 우리 공동체 가운데 어느 한쪽만이 모든 진리를 가진 것이 아님을 깨달아야 한다. 우리는 서로를, 그리고 하나님께서 주신 언약을 육적·영적 아브라함의 자손으로서 함께 붙들어야 한다. 이스라엘의 언약을 지키시는 하나님께서 수백만의 유대인과 아랍인을 일으키셔서 아브라함 언약과 함께 서게 하심으로, 모든 아브라함의 자손에게 자연적·영적 평화가 임하게 되기를 바란다. 예루살렘과 유다, 사마리아를 위한 전투가 계속 커져가는 이때, 우리는 예루살렘을 위해 중보하며, 예루살렘의 왕이자 영광의 왕이 오실 길을 준비해야 한다.

탐 헤스 Tom Hess
이스라엘, 예루살렘 & 가이사랴
2020년 1월

1부

아브라함 언약

제1장

하나님의 아브라함 언약은 이스라엘과 영원하다

- 성경적 고속도로 (로드맵) -

『하나님의 아브라함 언약 - 이스라엘과 교회』, 화해를 향한 '성경적 로드맵'은 유대인 공동체와 기독교 공동체 모두를 향하여 쓰였다. 저자의 첫 번째 책 『내 백성을 가게 하라』와 마찬가지로, 본서 역시 유대인과 그리스도인 사이의 대화 형식으로 구성되어 있다.

이 책의 목적은 이스라엘 백성, 곧 유대인들이 그들의 하나님, 이스라엘의 언약의 하나님을 믿고 신뢰하도록 격려하는 것이다. 동시에 아랍계 그리스도인과 전 세계의 그리스도인 역시 동일하게 그 하나님을 신뢰하도록 돕는 데 있다. 우리는 모두 믿음으로 아브라함의 자녀가 되었으므로, 함께 조상 아브라함을 바라보아야 한다(사 51장).

하나님께서 아브라함과 맺으신 언약은 시내산에서 모세에게 율법이 주어지기 이전에 이루어진 것이다. 하나님께서 야곱의 이름을 '이스라엘'로 바꾸신 사건은, 유대 민족에게 이스라엘 땅을 언약으로 주셨음을 보여준다. 이 언약은 율법보다 앞서며, 율법의 시대를 지나 오늘날까지도 지속되고 있고, 앞으로도 영원히 계속될 것이다.

또한 이 언약은 유대인뿐 아니라 아랍인을 포함하여 이스라엘의 하나님을 믿는 모든 자들에게 열려 있으며, 믿음을 통해 누구든지 아브라함의 언약에 참여할 수 있다. 새 언약에서 갈라디아서 3장 29절은 모든 참된 그리스도인들이 믿음을 통해 아브라함의 자녀가 된다고 말씀한다! 그러나 이것이 전 세계 모든 그리스도인에게 이스라엘 시민권을 부여한다는 뜻은 아니며, 다만 그들을 올리브나무에 접붙임 받은 돌올리브나무 가지로서, 본래의 가지들과 함께 영적으로 이스라엘의 공동체에 속하게 함을 의미한다.

모세 언약(출 20:1-17)과 새 언약(렘 31:31-34)은 결코 하나님께서 아브라함에게 주신 영원한 언약을 대체하지 않는다. 그리스도인들은 예수께서 다윗 왕과 아브라함의 계보를 따라 태어난 유대인의 왕이심을 기억해야 한다. 우리는 함께 하나님의 말씀 위에 굳게 서서, 아브라함 언약 안에 있는 우리의 성경적 뿌리를 존중해야 한다.

이 책은 정치에 관한 것이 아니라, 오직 이스라엘의 하나님과 성경 속 아브라함 언약에 대한 믿음에 관한 것이다.

이스라엘과 아랍 중동에 관한 세계 언론 보도를 보면 쉽게 큰 혼란에 빠질 수 있다. 그러나 『하나님의 아브라함 언약 – 이스라엘과 교회』를 읽으면, 예루살렘과 이스라엘, 그리고 중동에 대해 하나님의 관점에서 분명한 이해를 얻게 될 것이다. 이 책은 오늘날 이스라엘의 중심지, 곧 성경에서 유대와 사마리아라 불린 지역과 이스라엘과 맺으신 영원한 언약과 관련된 사건들을 하나님의 시각으로 바라보도록 도와줄 것이다.

이스라엘의 산지 벧엘에서 야곱의 이름이 이스라엘로 바뀌면서 이스라엘이 태어났다. 그곳에서 하나님은 이스라엘의 중심지인 유대와 사마리아와 온 이스라엘 땅을 유대 민족에게 **영원한 언약의 소유로 약속하셨다.**

> 롯이 아브람을 떠난 후에 여호와께서 아브람에게 이르시되
> 너는 눈을 들어 너 있는 곳에서 북쪽과 남쪽
> 그리고 동쪽과 서쪽을 바라보라
> 보이는 땅을 내가 너와 네 자손에게 주리니 영원히 이르리라
> 내가 네 자손이 땅의 티끌 같게 하리니
> 사람이 땅의 티끌을 능히 셀 수 있을진대 네 자손도 세리라
> 너는 일어나 그 땅을 종과 횡으로 두루 다녀 보라
> 내가 그것을 네게 주리라(창 13:14-17)

하나님께서 벧엘에서 아브라함에게 약속의 땅을 보여주신 그곳은, 날씨가 맑은 날이면 헬몬산과 지중해, 요르단, 그리고 헤브론의 언덕까지 바라볼 수 있다. 바로 그 벧엘에서 하나님은 아브라함에게 그 땅을 약속하셨다. 그런데 오늘날 세계 각국이 이슬람 팔레스타인 국가로 세우려는 계획의 중심지, 바로 그 핵심이 벧엘이다. 그곳에서는 헬몬산, 세겜, 예루살렘, 그리고 헤브론까지—언약과 언약의 제단들이 세워졌던 모든 장소들을 한눈에 볼 수 있다.

하나님께서 말씀하셨다.

내가 내 언약을 나와 너 및 네 대대 후손 사이에 세워서
영원한 언약을 삼고 너와 네 후손의 하나님이 되리라
내가 너와 네 후손에게 네가 거류하는 이 땅
곧 가나안 온 땅을 주어 **영원한 기업**이 되게 하고
나는 그들의 하나님이 되리라(창 17:7-8)

하나님이 이르시되 아니라 네 아내 사라가 네게 아들을 낳으리니
너는 그 이름을 이삭이라 하라
내가 그와 내 언약을 세우리니 그의 후손에게 **영원한 언약**이 되리라
이스마엘에 대하여는 내가 네 말을 들었나니
내가 그에게 복을 주어 그를 매우 크게 생육하고 번성하게 할지라
그가 열두 두령을 낳으리니 내가 그를 큰 나라가 되게 하려니와
(창 17:19-20)

주의 종 아브라함과 이삭과 이스라엘을 기억하소서
주께서 그들을 위하여 주를 가리켜 맹세하여 이르시기를
내가 너희의 자손을 하늘의 별처럼 많게 하고
내가 허락한 이 온 땅을 너희의 자손에게 주어
영원한 기업이 되게 하리라 하셨나이다(출 32:13)

너희는 그의 언약 곧 천 대에 명령하신 말씀을 **영원히 기억**할지어다

이것은 아브라함에게 하신 언약이며 이삭에게 하신 맹세이며

이는 야곱에게 세우신 율례 곧 이스라엘에게 하신 **영원한 언약**이라

이르시기를 내가 가나안 땅을 네게 주어

너희 기업의 지경이 되게 하리라 하셨도다(대상 16:15-18)

이는 한 아기가 우리에게 났고 한 아들을 우리에게 주신 바 되었는데

그의 어깨에는 정사를 메었고 그의 이름은 기묘자라, 모사라,

전능하신 하나님이라, 영존하시는 아버지라,

평강의 왕이라 할 것임이라

그 정사와 평강의 더함이 무궁하며

또 다윗의 왕좌와 그의 나라에 군림하여

그 나라를 굳게 세우고 지금 이후로 영원히 정의와 공의로

그것을 보존하실 것이라 만군의 여호와의 열심이 이를 이루시리라(사 9:6-7)

그 후에 그가 나를 데리고 문에 이르니 곧 동쪽을 향한 문이라

이스라엘 하나님의 영광이 동쪽에서부터 오는데 하나님의 음성이

많은 물 소리 같고 땅은 그 영광으로 말미암아 빛나니

그 모양이 내가 본 환상 곧 전에 성읍을 멸하러 올 때에 보던 환상 같고

그발 강 가에서 보던 환상과도 같기로

내가 곧 얼굴을 땅에 대고 엎드렸더니

여호와의 영광이 동문을 통하여 성전으로 들어가고

영이 나를 들어 데리고 안뜰에 들어가시기로 내가 보니

여호와의 영광이 성전에 가득하더라

> 성전에서 내게 하는 말을 내가 듣고 있을 때에
> 어떤 사람이 내 곁에 서 있더라
> 그가 내게 이르시되 인자야 이는 내 보좌의 처소, 내 발을 두는 처소,
> 내가 이스라엘 족속 가운데에 **영원히** 있을 곳이라(겔 43:1-7)

창세기 15장에서 헐몬산에서 아브라함과 이스라엘에게 주신 하나님의 언약과, 아브라함이 세겜, 벧엘, 헤브론, 예루살렘에 쌓은 네 개의 제단을 이해하고, 또 이 마지막 때에 하나님께서 계획하신 회복의 목적을 깨닫는 것은 오늘날의 사건들을 분별할 수 있는 관점과 열쇠를 제공할 것이다. 이는 하나님의 평화 계획의 기초와 기둥을 드러내며, 메시아 안에서 그 의미를 열어 준다. 하나님은 이스라엘과 아랍 중동 지역에 그분의 평화 계획을 세우기를 원하신다.

하나님은 이스라엘과 교회 모두에게 언약을 지키시는 하나님이시다. 만일 하나님께서 이스라엘과 맺으신 언약을 지키지 않으신다면, 그분이 교회와의 언약을 지키실 이유도 없을 것이다. 이스라엘의 하나님은 아브라함과, 이름이 이스라엘로 바뀐 야곱과, 이스라엘의 왕 다윗과 언약을 맺으셨다. 이 언약은 네 제단이 세워진 곳에서 이루어진 것이다.

아브라함과 야곱, 그리고 다윗은 3천 년 전, 곧 이슬람이 역사에 등장하기 2천 년 이전에, 이스라엘의 하나님과 언약을 맺으며 이곳들에서 제단을 쌓고 땅을 사들였다. 이는 분명히 하나님께서 그들에게 그 땅을 언약으로 주셨음을 보여주며, 하나님께서 유대 민족을 이스라엘의 중심지인

유대와 사마리아—세겜, 벧엘, 헤브론, 예루살렘에 세워진 제단들과 기초, 기둥들을 포함한—의 청지기로 세우셨음을 드러낸다.

이방 나라들과 일부 무슬림들은 이스라엘의 중심지인 유대와 사마리아를 '점령지' 또는 '서안 지구'라고 부른다. 바로 이곳에 일부 무슬림과 많은 나라가 이슬람 팔레스타인 국가를 세우려 하고 있다. 모든 유대인과 성경을 믿는 그리스도인들은 열방의 거짓을 거부하고, 이스라엘의 하나님과 그분의 언약을 붙들어야 한다. 만일 하나님의 백성들이 기도와 금식으로 경고할 때 하나님께서 개입하시지 않는다면, 미국을 포함한 여러 나라들은 이스라엘 땅을 나눈 일로 하나님의 심판을 받을 것이다(욜 3:2).

지난 10년 동안 우리는 유월절마다 세겜, 벧엘, 헤브론, 예루살렘에 제단을 쌓아왔다. 2002년 유월절에 벧엘을 방문했을 때, 야세르 아라파트가 불과 1킬로미터 거리에 있다는 사실을 깨닫고 내 눈이 더 열렸다. 그때부터, 아브라함과 이삭, 그리고 이름이 이스라엘로 바뀐 야곱이 제단을 쌓았던 네 장소의 더 깊은 의미를 보게 되었다. 그리고 이스라엘의 적들이 무엇을 하려는지 깨닫게 되었다. 그들은 이스라엘 집의 기초를 무너뜨리고 기둥을 쓰러뜨리려 하며, 유대와 사마리아 곧 하나님께서 그들과 언약을 맺으신 땅에서 유대인들로 하여금 하나님과의 언약을 깨뜨리도록 유도하고 있다.

모든 대체신학과 이데올로기는 이스라엘의 언약의 하나님과 아브라함 언약에 대한 반역에서 비롯된 것이다. 하나님께서 이삭과 야곱(이스라엘)을 의롭게 택하셨다는 사실을 부인하고, 하나님이 이삭이 아닌 이스마엘이나 다른 자를 택하셨다고 주장하는 자들은 평화의 적들이다. 이는 그들이 참된 언약의 하나님이 아니라, 다른 신, 곧 달의 신을 섬기기 때문이다. 이슬람은 온 세상, 특히 이스라엘의 중심지를 알라와 이슬람 통치 아래 복종시켜야 한다고 가르친다.

이는 팔레스타인 사람들에게 단순히 살 땅을 주는 문제가 아니다. 남아프리카공화국처럼 사람들이 살 땅과 인권 문제의 차원이 아니다! 이스라엘에서 우리가 다루는 것은 우리 주와 그분의 메시아의 왕국에 대적하는 어둠의 왕국과 관련된 문제이다. 우리는 언약을 다루고 있다. 열방에 속한 사람들은 우리가 지금 다루는 것이 바로 이스라엘의 하나님께서 그분의 땅과 그분의 백성과 맺으신 언약이라는 사실을 깨달아야 한다.

테러리스트들과 하나님의 언약을 알지 못하는 모든 사람들은 하나님께서 유대인들에게 주신 이 땅, 곧 그들이 '정착촌'이라 부르는 곳에서 몰아내려 한다. 이것이 이스라엘에서 벌어지는 테러의 본질이다. 하나님의 언약 백성을 뿌리째 뽑고, 하나님께서 언약하신 장소들에 이슬람의 기반을 세우려는 시도이다.

아라파트가 수년간 라말라에 거주해 온 것은 결코 우연이 아니다. 그곳은 야곱의 이름이 이스라엘로 바뀐 벧엘에서 불과 1킬로미터 떨어진 곳이다. 이슬람과 아라파트는 벧엘과 실로, 그리고 하나님의 언약의 모든 장소들이 비워져야 한다고 주장해 왔다. 그 목적은 이스라엘의 기초를 파괴하고, 하나님의 언약과 벧엘과 실로의 유대 공동체 대신 다른 기초를 세우기 위함이다. 세겜, 헤브론, 예루살렘에서도 마찬가지다.

지금은 이스라엘 유대 민족이 이스라엘의 하나님께로 돌아와 성경을 믿고, 그분을 신뢰하며, 그분의 언약을 믿어야 할 때이다. 또한 성경을 믿는 아랍인 그리스도인들과 전 세계의 성경을 믿는 모든 그리스도인들이, 하나님께서 이스라엘의 백성과 땅과 맺으신 언약에 연대하여 굳게 서야 할 때이다. 그 언약은 믿음으로 아브라함의 자녀가 된 우리 모두의 언약이기도 하다. 아브라함과 맺으신 하나님의 언약은 모든 유대인뿐만 아니라, 전 세계 그리스도인에게도 속한다. 왜냐하면 그 언약은 이 땅에서 육적으로, 영적으로 동시에 이루어졌으며, 우리 모두는 믿음으로 아브라함의 자녀로 부름받았기 때문이다. 하나 된 집은 서지만, 나뉘어진 집은 무너진다.

우리는 유대인과 아랍인이 장벽을 세워 나뉘는 것이 아니라, 평강의 왕(사 9:6)을 통해 이스라엘의 하나님과 서로에게 화해하도록 협력하는 것이 하나님의 뜻이자 소원이라고 믿는다. 하나님의 목적은 유대인과 아랍인, 곧 이집트, 이스라엘, 앗시리아가 중동의 한가운데에서(이스라엘은 그 중심이며, 아브라함이 다섯 개의 제단을 쌓은 곳) 함께 그분을 예배하며 세상 한가운데에서 복이 되는 것이다(사 19:19-25).

시리아 군대 장관 나아만이 유대인 선지자 앞에 무릎 꿇는 데는 큰 겸손이 필요했지만, 그가 그렇게 했을 때 전쟁이 멈추고 평화가 임했다(왕하 5:6). 아랍인들이 거짓을 버리고, 땅과 유대 민족과 맺으신 하나님의 언약을 지지하기 전까지는 참된 평화가 오지 않을 것이다. 하나님의 평화 계획이 이 지역에 세워지지 않는다면 진정한 평화는 이루어지지 않을 것이다.

그러나 구원과 화해가 헐몬산과 세겜, 벧엘, 헤브론, 예루살렘에서 이루어진다면, 샬롬/살람은 예루살렘뿐 아니라 헐몬산과 유대와 사마리아,

그리고 모든 나라에도 임할 것이다. 모든 민족은 평강의 왕, 곧 이스라엘의 왕을 통해 하나님의 아브라함 언약에 들어가 시온으로 몰려들게 될 것이다.

이제 모든 유대인들과 성경을 믿는 아랍 그리스도인들이 유대와 사마리아의 유대 공동체와 더불어 하나님의 아브라함 언약 위에 굳게 서는 것이 반드시 필요하다. 이 아브라함 언약이 없다면 유대인과 이스라엘의 기초가 존재할 수 없을 뿐 아니라, 전 세계 교회의 아브라함적 기초도 존재할 수 없다. 새 언약은 모든 그리스도인이 믿음으로 아브라함의 자녀가 되며, 아브라함에게 주어진 언약적 약속에 따라 영적 상속자가 된다고 말씀하고 있다.

물론 유대인들이 아랍인들에게 불의가 있었고, 그것은 바로잡아야 한다는 것은 사실이다. 그러나 우리는 굳게 서서 하나님의 언약의 땅과 그분의 목적, 그리고 그분의 백성이 탈취당하지 않도록 해야 한다. 우리는 이것을 이스라엘의 하나님과 그분이 이스라엘 땅과 맺으신 언약 안에서 우리의 운명으로 받아들여야 한다. 그리고 여호수아처럼 선언한다. "오직 나와 내 집은 여호와를 섬기겠노라." 지금은 유대인들과 성경을 믿는 아랍 그리스도인들, 그리고 전 세계 성경을 믿는 그리스도인들이 여호수아가 했던 것처럼 하나님과 그 땅과의 언약을 새롭게 할 때이다.

유대인과 아랍계 그리스도인, 전 세계의 그리스도인이 함께 하나님 앞에서 정의를 행하고, 긍휼을 사랑하며, 겸손히 행해야 한다(미 6:8). 정의란 하나님의 말씀을 존중하고 공의로우신 하나님을 높이는 것이다. 하나님께서 이스라엘 땅을 유대 민족에게 **영원히** 언약하신 것은 공의로운 일이다. 동시에 성경에서 말하듯, 유대인들도 아랍인들에게 공의로 대하는 것이 중요하다. 공의와 정의는 하나님 보좌의 기초이며, "오직 정의를 물 같이, 공의를 마르지 않는 강 같이 흐르게 할지어다"(암 5:24). 이 말씀이 하나님께서 아브라함과 언약을 맺으신 장소들인 이집트, 이스라엘, 앗수르와 온 세상 가운데서 이루어지기를 바란다. 공의의 열매는 평화이며, 정의의 결과는 영원한 안정과 신뢰이다(사 32:17). 이는 곧 메시아의 길을 예비하는 것이다.

우리는 많은 유대인들과 그리스도인들의 눈을 가리고 있는 아브라함 언약에 대한 수건이 벗겨지도록 기도해야 한다. 유대인들은 이스라엘의 하나님은 존재하지 않고, 미국과 그들의 수십억 달러 대출이 이스라엘의 언약의 하나님과 그분의 약속보다 더 중요하다는 거짓을 거부해야 한다. 출애굽기 20장 3절에서 하나님은 "너는 나 외에는 다른 신들을 네게 두지 말라"라고 말씀하셨다.

그리스도인들은 대체신학, 곧 '새 언약과 교회가 구약의 모든 아브라함 언약과 이스라엘을 완전히 대체했다'는 대체신학의 거짓을 거부해야 한다. 그리스도인들은 로마서 11장 28절-29절을 반드시 이해해야 한다. 하나님께서는 택하심과 관련해(즉 유대 민족에 관하여) 그들이 조상들로 말미암아 하나님의 사랑을 받는 존재이며, 하나님의 은사와 부르심에는 후회가 없다고 말한다.

이제 우리는 아브라함의 육신적 자녀와 영적 자녀로서 함께 아브라함 언약을 존중하고 그 언약 위에 굳게 서서 이스라엘, 이집트, 앗시리아, 그리고 전 세계 교회의 육적·영적 회복이 온전히 이루어지기를 기도한다.

이 책이 유대인과 아랍 그리스도인들, 그리고 전 세계의 그리스도인들 가운데 회개의 불길을 일으키고, 함께 이스라엘의 언약의 하나님과 아브라함 언약을 새롭게 하는 불씨가 되기를 바라는 것이다. 그렇게 하여 에스겔 36장의 말씀이 육적으로 회복되고, 에스겔 37장이 영적으로 성취되어, 유대인의 메시아이자 온 세상의 메시아의 오실 길이 준비되기를 기도한다.

비록 성경적·언약적으로, 그리고 본질적으로 이 땅이 이스라엘의 것임에도 불구하고, 유대인들은 어쩌면 야곱과 다윗, 아브라함이 했던 것처럼 다시금 이 땅을 위해 값을 지불해야 할지도 모른다. 이것은 미국의 원주민 땅 문제나 남아프리카의 인권 문제와는 전혀 다르다. 왜냐하면 하나님께서는 그 땅을 차지하고 정착한 유럽인들과는 성경적이고 영원한 언약을 맺지 않으셨기 때문이다. 하나님께서는 유대인들이 아브라함과 이삭, 야곱(이스라엘)을 통해 맺으신 언약 위에 굳게 서기를 원하신다. 아랍인들도 또한 하나님께서 아브라함을 통해 유대인들과 맺으신 언약을 존중할 때에야 비로소, 그들의 구속적 목적과 운명에 따른 온전한 복을 받게 될 것이다. 그리하여 유대인과 아랍인 모두가 복을 받고, 세상 한가운데에서 복의 근원이 될 것이다.

이 책은 대부분 하나님의 말씀으로 구성되어 있다. 제2장에는 이스라엘의 하나님에 관한 70개의 성경 구절이 수록되어 있으며, 제10장에는 하나님께서 아브라함과 야곱(이스라엘), 그들의 자손들과 영원히 맺으신 언약을 재확인하는 내용으로, 이스라엘 땅과의 언약에 관한 600개의 성경 구절이 포함되어 있다.

하나님께서 아브라함과 이삭, 그리고 야곱(이스라엘)과 맺으신 언약은 **온 이스라엘 땅 전체**에 대한 것이지만, 특별히 이스라엘의 심장부, 곧 이스라엘 산지, 요단강 서안, 성경적 유대와 사마리아—헐몬산, 세겜, 벧엘, 헤브론, 예루살렘에서 맺어진 것이었다. 이 언약은 **영원한 언약**이다.

이스라엘의 하나님 여호와여 천지에 주와 같은 신이 없나이다
주께서는 온 마음으로 주의 앞에서 행하는 주의 종들에게
언약을 지키시고 은혜를 베푸시나이다 (대하 6:14)

제2장

이스라엘 언약의 하나님에 대한 성경 70구절

다음 성경 구절들은 모든 하나님의 백성, 곧 유대인과 그리스도인이 함께 읽고 묵상해야 할 말씀이다. 이 말씀들은 이스라엘의 언약의 하나님과 그분의 언약에 대한 믿음을 더욱 견고하게 하도록 주어진 것이다.

이 책을 더 깊이 이해하기 위해서는, 이 성경 구절들을 읽는 것이 매우 중요하다.

출 5:1
그 후에 모세와 아론이 바로에게 가서 이르되 이스라엘의 하나님 여호와께서 이렇게 말씀하시기를 내 백성을 보내라 그러면 그들이 광야에서 내 앞에 절기를 지킬 것이니라 하셨나이다

출 34:23
너희의 모든 남자는 매년 세 번씩 주 여호와 이스라엘의 하나님 앞에 보일지라

수 8:30-31

그 때에 여호수아가 이스라엘의 하나님 여호와를 위하여 에발 산에 한 제단을 쌓았으니 이는 여호와의 종 모세가 이스라엘 자손에게 명령한 것과 모세의 율법책에 기록된 대로 쇠 연장으로 다듬지 아니한 새 돌로 만든 제단이라 무리가 여호와께 번제물과 화목제물을 그 위에 드렸으며

수 14:13-14

여호수아가 여분네의 아들 갈렙을 위하여 축복하고 헤브론을 그에게 주어 기업을 삼게 하매 헤브론이 그니스 사람 여분네의 아들 갈렙의 기업이 되어 오늘까지 이르렀으니 이는 그가 이스라엘의 하나님 여호와를 온전히 좇았음이라

수 24:2

여호수아가 모든 백성에게 이르되 이스라엘의 하나님 여호와께서 이같이 말씀하시기를 옛적에 너희의 조상들 곧 아브라함의 아버지, 나홀의 아버지 데라가 강 저쪽에 거주하여 다른 신들을 섬겼으나

수 24:23-26

여호수아가 이르되 그러면 이제 너희 중에 있는 이방 신들을 치워 버리고 너희의 마음을 이스라엘의 하나님 여호와께로 향하라 하니 백성이 여호수아에게 말하되 우리 하나님 여호와를 우리가 섬기고 그의 목소리를 우리가 청종하리이다 하는지라
그 날에 여호수아가 세겜에서 백성과 더불어 언약을 맺고 그들을 위하여 율례와 법도를 제정하였더라 여호수아가 이 모든 말씀을 하나님의 율법책에 기록하고 큰 돌을 가져다가 거기 여호와의 성소 곁에 있는 상수리나무 아래에 세우고

삿 5:5
산들이 여호와 앞에서 진동하니 저 시내 산도 이스라엘의 하나님 여호와 앞에서 진동하였도다

룻 2:12
여호와께서 네가 행한 일에 보답하시기를 원하며 이스라엘의 하나님 여호와께서 그의 날개 아래에 보호를 받으러 온 네게 온전한 상 주시기를 원하노라

삼상 1:17
엘리가 대답하여 이르되 평안히 가라 이스라엘의 하나님이 네가 기도하여 구한 것을 허락하시기를 원하노라

삼상 2:30
그러므로 이스라엘의 하나님 나 여호와가 말하노라 내가 전에 네 집과 네 조상의 집이 내 앞에 영원히 행하리라 하였으나 이제 나 여호와가 말하노니 결단코 그렇게 하지 아니하리라 나를 존중히 여기는 자를 내가 존중히 여기고, 나를 멸시하는 자를 내가 경멸하리라

삼상 20:12
요나단이 다윗에게 이르되 이스라엘의 하나님 여호와께서 증언하시거니와 내가 내일이나 모레 이맘때에 내 아버지를 살펴서 너 다윗에게 대한 의향이 선하면 내가 사람을 보내어 네게 알리지 않겠느냐

삼상 25:32-34
다윗이 아비가일에게 이르되 오늘 너를 보내어 나를 영접하게 하신 이스라엘의 하나님 여호와를 찬송할지로다 또 네 지혜를 칭찬할지며 또 네게

복이 있을지로다 오늘 내가 피를 흘릴 것과 친히 복수하는 것을 네가 막았느니라 나를 막아 너를 해하지 않게 하신 이스라엘의 하나님 여호와의 살아 계심을 두고 맹세하노니 네가 급히 와서 나를 영접하지 아니하였더면 밝는 아침에는 과연 나발에게 한 남자도 남겨 두지 아니하였으리라

삼하 12:7
나단이 다윗에게 이르되 당신이 그 사람이라 이스라엘의 하나님 여호와께서 이와 같이 이르시기를 내가 너를 이스라엘 왕으로 기름 붓기 위하여 너를 사울의 손에서 구원하고

삼하 23:3-5
이스라엘의 하나님이 말씀하시며 이스라엘의 반석이 내게 이르시기를 사람을 공의로 다스리는 자, 하나님을 경외함으로 다스리는 자여 그는 돋는 해의 아침 빛 같고 구름 없는 아침 같고 비 내린 후의 광선으로 땅에서 움이 돋는 새 풀 같으니라 하시도다
내 집이 하나님 앞에 이같지 아니하냐 하나님이 나와 더불어 영원한 언약을 세우사 만사에 구비하고 견고하게 하셨으니 나의 모든 구원과 나의 모든 소원을 어찌 이루지 아니하시랴

왕상 1:30, 48
내가 이전에 이스라엘의 하나님 여호와를 가리켜 네게 맹세하여 이르기를 네 아들 솔로몬이 반드시 나를 이어 왕이 되고 나를 대신하여 내 왕위에 앉으리라 하였으니 내가 오늘 그대로 행하리라

또한 이르시기를 이스라엘의 하나님 여호와를 찬송하리로다 여호와께서 오늘 내 왕위에 앉을 자를 주사 내 눈으로 보게 하셨도다 하셨나이다 하니

왕상 8:15-17, 20-21

왕이 이르되 이스라엘의 하나님 여호와를 송축할지로다 여호와께서 그의 입으로 내 아버지 다윗에게 말씀하신 것을 이제 그의 손으로 이루셨도다 이르시기를 내가 내 백성 이스라엘을 애굽에서 인도하여 낸 날부터 내 이름을 둘 만한 집을 건축하기 위하여 이스라엘 모든 지파 가운데에서 아무 성읍도 택하지 아니하고 다만 다윗을 택하여 내 백성 이스라엘을 다스리게 하였노라 하신지라 내 아버지 다윗이 이스라엘의 하나님 여호와의 이름을 위하여 성전을 건축할 마음이 있었더니

이제 여호와께서 말씀하신 대로 이루시도다 내가 여호와께서 말씀하신 대로 내 아버지 다윗을 이어서 일어나 이스라엘의 왕위에 앉고 이스라엘의 하나님 여호와의 이름을 위하여 성전을 건축하고 내가 또 그 곳에 우리 조상들을 애굽 땅에서 인도하여 내실 때에 그들과 세우신 바 여호와의 언약을 넣은 궤를 위하여 한 처소를 설치하였노라

왕상 8:23

이르되 이스라엘의 하나님 여호와여 위로 하늘과 아래로 땅에 주와 같은 신이 없나이다 주께서는 온 마음으로 주의 앞에서 행하는 종들에게 언약을 지키시고 은혜를 베푸시나이다

왕상 8:25-26

이스라엘의 하나님 여호와여 주께서 주의 종 내 아버지 다윗에게 말씀하시기를 네 자손이 자기 길을 삼가서 네가 내 앞에서 행한 것 같이 내 앞에서 행하기만 하면 네게서 나서 이스라엘의 왕위에 앉을 사람이 내 앞에서 끊어지지 아니하리라 하셨사오니 이제 다윗을 위하여 그 하신 말씀을 지키시옵소서 그런즉 이스라엘의 하나님이여 원하건대 주는 주의 종 내 아버지 다윗에게 하신 말씀이 확실하게 하옵소서

왕상 17:1

길르앗에 우거하는 자 중에 디셉 사람 엘리야가 아합에게 말하되 내가 섬기는 이스라엘의 하나님 여호와께서 살아 계심을 두고 맹세하노니 내 말이 없으면 수 년 동안 비도 이슬도 있지 아니하리라 하니라

왕하 14:25

이스라엘의 하나님 여호와께서 그의 종 가드헤벨 아밋대의 아들 선지자 요나를 통하여 하신 말씀과 같이 여로보암이 이스라엘 영토를 회복하되 하맛 어귀에서부터 아라바 바다까지 하였으니

왕하 18:5

히스기야가 이스라엘 하나님 여호와를 의지하였는데 그의 전후 유다 여러 왕 중에 그러한 자가 없었으니

왕하 19:15

그 앞에서 히스기야가 기도하여 이르되 그룹들 위에 계신 이스라엘의 하나님 여호와여 주는 천하 만국에 홀로 하나님이시라 주께서 천지를 만드셨나이다

왕하 22:18-19

너희를 보내 여호와께 묻게 한 유다 왕에게는 너희가 이렇게 말하라 이스라엘의 하나님 여호와가 이같이 말씀하셨느니라 네가 들은 말들에 대하여는 내가 이 곳과 그 주민에게 대하여 빈 터가 되고 저주가 되리라 한 말을 네가 듣고 마음이 부드러워져서 여호와 앞 곧 내 앞에서 겸비하여 옷을 찢고 통곡하였으므로 나도 네 말을 들었노라 여호와가 말하였느니라

대상 4:10

야베스가 이스라엘 하나님께 아뢰어 이르되 주께서 내게 복을 주시려거든 나의 지역을 넓히시고 주의 손으로 나를 도우사 나로 환난을 벗어나 내게 근심이 없게 하옵소서 하였더니 하나님이 그가 구하는 것을 허락하셨더라

대상 15:14

이에 제사장들과 레위 사람들이 이스라엘 하나님 여호와의 궤를 메고 올라가려 하여 몸을 성결하게 하고

대상 16:4

또 레위 사람을 세워 여호와의 궤 앞에서 섬기며 이스라엘 하나님 여호와를 칭송하고 감사하며 찬양하게 하였으니

대상 16:36

여호와 이스라엘의 하나님을 영원부터 영원까지 송축할지로다 하매 모든 백성이 아멘 하고 여호와를 찬양하였더라

대상 17:23-24

여호와여 이제 주의 종과 그의 집에 대하여 말씀하신 것을 영원히 견고하게 하시며 말씀하신 대로 행하사 견고하게 하시고 사람에게 영원히 주의 이름을 높여 이르기를 만군의 여호와는 이스라엘의 하나님 곧 이스라엘에게 하나님이시라 하게 하시며 주의 종 다윗의 왕조가 주 앞에서 견고히 서게 하옵소서

대상 22:6

다윗이 그의 아들 솔로몬을 불러 이스라엘 하나님 여호와를 위하여 성전 건축하기를 부탁하여

대상 23:25-26
다윗이 이르기를 이스라엘 하나님 여호와께서 평강을 그의 백성에게 주시고 예루살렘에 영원히 거하시나니 레위 사람이 다시는 성막과 그 가운데에서 쓰는 모든 기구를 멜 필요가 없다 한지라

대상 24:19
이와 같은 직무에 따라 여호와의 성전에 들어가서 그의 아버지 아론을 도왔으니 이는 이스라엘의 하나님 여호와께서 명하신 규례더라

대상 28:4
그러나 이스라엘 하나님 여호와께서 전에 나를 내 부친의 온 집에서 택하여 영원히 이스라엘 왕이 되게 하셨나니 곧 하나님이 유다 지파를 택하사 머리를 삼으시고 유다의 가문에서 내 부친의 집을 택하시고 내 부친의 아들들 중에서 나를 기뻐하사 온 이스라엘의 왕을 삼으셨느니라

대상 29:10
다윗이 온 회중 앞에서 여호와를 송축하여 이르되 우리 조상 이스라엘의 하나님 여호와여 주는 영원부터 영원까지 송축을 받으시옵소서

대하 2:12
후람이 또 이르되 천지를 지으신 이스라엘의 하나님 여호와는 송축을 받으실지로다 다윗 왕에게 지혜로운 아들을 주시고 명철과 총명을 주시사 능히 여호와를 위하여 성전을 건축하고 자기 왕위를 위하여 궁궐을 건축하게 하시도다

대하 6:4
왕이 이르되 이스라엘 하나님 여호와를 송축할지로다 여호와께서 그의 입

으로 내 아버지 다윗에게 말씀하신 것을 이제 그의 손으로 이루셨도다 이르시기를

대하 6:7, 10
내 아버지 다윗이 이스라엘의 하나님 여호와의 이름을 위하여 성전을 건축할 마음이 있었더니

이제 여호와께서 말씀하신 대로 이루셨도다 내가 여호와께서 말씀하신 대로 내 아버지 다윗을 대신하여 일어나 이스라엘 왕위에 앉고 이스라엘의 하나님 여호와의 이름을 위하여 성전을 건축하고

대하 6:14-17
이르되 이스라엘의 하나님 여호와여 천지에 주와 같은 신이 없나이다 주께서는 온 마음으로 주의 앞에서 행하는 주의 종들에게 언약을 지키시고 은혜를 베푸시나이다 주께서 주의 종 내 아버지 다윗에게 허락하신 말씀을 지키시되 주의 입으로 말씀하신 것을 손으로 이루심이 오늘과 같으니이다
이스라엘의 하나님 여호와여 주께서 주의 종 내 아버지 다윗에게 말씀하시기를 네 자손이 그들의 행위를 삼가서 네가 내 앞에서 행한 것 같이 내 율법대로 행하기만 하면 네게로부터 나서 이스라엘 왕위에 앉을 사람이 내 앞에서 끊어지지 아니하리라 하셨사오니 이제 다윗을 위하여 그 허락하신 말씀을 지키시옵소서 그런즉 이스라엘 하나님 여호와여 원하건대 주는 주의 종 다윗에게 하신 말씀이 확실하게 하옵소서

대하 11:16
이스라엘 모든 지파 중에 마음을 굳게 하여 이스라엘의 하나님 여호와를 찾는 자들이 레위 사람들을 따라 예루살렘에 이르러 그들의 조상들의 하나님 여호와께 제사하고자 한지라

대하 13:5
이스라엘 하나님 여호와께서 소금 언약으로 이스라엘 나라를 영원히 다윗과 그의 자손에게 주신 것을 너희가 알 것 아니냐

대하 15:4
그들이 그 환난 때에 이스라엘 하나님 여호와께로 돌아가서 찾으매 그가 그들과 만나게 되셨나니

대하 15:13-15
이스라엘 하나님 여호와를 찾지 아니하는 자는 대소 남녀를 막론하고 죽이는 것이 마땅하다 하고 무리가 큰 소리로 외치며 피리와 나팔을 불어 여호와께 맹세하매 온 유다가 이 맹세를 기뻐한지라 무리가 마음을 다하여 맹세하고 뜻을 다하여 여호와를 찾았으므로 여호와께서도 그들을 만나 주시고 그들의 사방에 평안을 주셨더라

대하 20:19
그핫 자손과 고라 자손에게 속한 레위 사람들은 서서 심히 큰 소리로 이스라엘의 하나님 여호와를 찬송하니라

대하 30:1, 5
히스기야가 온 이스라엘과 유다에 사람을 보내고 또 에브라임과 므낫세에 편지를 보내어 예루살렘 여호와의 전에 와서 이스라엘 하나님 여호와를 위하여 유월절을 지키라 하니라

드디어 왕이 명령을 내려 브엘세바에서부터 단까지 온 이스라엘에 공포하여 일제히 예루살렘으로 와서 이스라엘 하나님 여호와의 유월절을 지키라 하니 이는 기록한 규례대로 오랫동안 지키지 못하였음이더라

대하 33:16
여호와의 제단을 보수하고 화목제와 감사제를 그 제단 위에 드리고 유다를 명령하여 이스라엘 하나님 여호와를 섬기라 하매

스 7:6
이 에스라가 바벨론에서 올라왔으니 그는 이스라엘의 하나님 여호와께서 주신 모세의 율법에 익숙한 학자로서 그의 하나님 여호와의 도우심을 입으므로 왕에게 구하는 것은 다 받는 자이더니

스 8:35
사로잡혔던 자의 자손 곧 이방에서 돌아온 자들이 이스라엘의 하나님께 번제를 드렸는데 이스라엘 전체를 위한 수송아지가 열두 마리요 또 숫양이 아흔여섯 마리요 어린 양이 일흔일곱 마리요 또 속죄제의 숫염소가 열두 마리니 모두 여호와께 드린 번제물이라

스 9:15
이스라엘의 하나님 여호와여 주는 의로우시니 우리가 오늘날 남아 피한 것이 오늘날과 같사옵거늘 도리어 주께 범죄하였사오니 이로 말미암아 주 앞에 한 사람도 감히 서지 못하겠나이다 하니라

시 41:13
이스라엘의 하나님 여호와를 영원부터 영원까지 송축할지로다 아멘 아멘

시 68:7-10
하나님이여 주의 백성 앞에서 앞서 나가사 광야에서 행진하셨을 때에(셀라) 땅이 진동하며 하늘이 하나님 앞에서 떨어지며 저 시내 산도 하나님 곧 이스라엘의 하나님 앞에서 진동하였나이다

하나님이여 주께서 흡족한 비를 보내사 주의 기업이 곤핍할 때에 주께서 그것을 견고하게 하셨고 주의 회중을 그 가운데에 살게 하셨나이다 하나님이여 주께서 가난한 자를 위하여 주의 은택을 준비하셨나이다

시 68:35
하나님이여 위엄을 성소에서 나타내시나이다 이스라엘의 하나님은 그의 백성에게 힘과 능력을 주시나니 하나님을 찬송할지어다

시 72:18-19
홀로 기이한 일들을 행하시는 여호와 하나님 곧 이스라엘의 하나님을 찬송하며 그 영화로운 이름을 영원히 찬송할지어다 온 땅에 그의 영광이 충만할지어다 아멘 아멘

시 106:48
여호와 이스라엘의 하나님을 영원부터 영원까지 찬양할지어다 모든 백성들아 아멘 할지어다 할렐루야

사 24:14-16
무리가 소리를 높여 부를 것이며 여호와의 위엄으로 말미암아 바다에서부터 크게 외치리니 그러므로 너희가 동방에서 여호와를 영화롭게 하며 바다 모든 섬에서 이스라엘의 하나님 여호와의 이름을 영화롭게 할 것이라 땅 끝에서부터 노래하는 소리가 우리에게 들리기를 의로우신 이에게 영광을 돌리세 하도다
그러나 나는 이르기를 나는 쇠잔하였고 나는 쇠잔하였으니 내게 화가 있도다 배신자들은 배신하고 배신자들이 크게 배신하였도다

사 29:22-24
그러므로 아브라함을 구속하신 여호와께서 야곱 족속에 대하여 이같이 말씀하시되 야곱이 이제는 부끄러워하지 아니하겠고 그의 얼굴이 이제는 창백해지지 아니할 것이며 그의 자손은 내 손이 그 가운데에서 행한 것을 볼 때에 내 이름을 거룩하다 하며 야곱의 거룩한 이를 거룩하다 하며 이스라엘의 하나님을 경외할 것이며 마음이 혼미하던 자들도 총명하게 되며 원망하던 자들도 교훈을 받으리라 하셨느니라

사 37:15-16
여호와께 기도하여 이르되 그룹 사이에 계신 이스라엘 하나님 만군의 여호와여 주는 천하 만국에 유일하신 하나님이시라 주께서 천지를 만드셨나이다

사 41:17-20
가련하고 가난한 자가 물을 구하되 물이 없어서 갈증으로 그들의 혀가 마를 때에 나 여호와가 그들에게 응답하겠고 나 이스라엘의 하나님이 그들을 버리지 아니할 것이라
내가 헐벗은 산에 강을 내며 골짜기 가운데에 샘이 나게 하며 광야가 못이 되게 하며 마른 땅이 샘 근원이 되게 할 것이며 내가 광야에는 백향목과 싯딤 나무와 화석류와 들감람나무를 심고 사막에는 잣나무와 소나무와 황양목을 함께 두리니 무리가 보고 여호와의 손이 지으신 바요 이스라엘의 거룩한 이가 이것을 창조하신 바인 줄 알며 함께 헤아리며 깨달으리라

사 45:15
구원자 이스라엘의 하나님이여 진실로 주는 스스로 숨어 계시는 하나님이시니이다

사 52:12
여호와께서 너희 앞에서 행하시며 이스라엘의 하나님이 너희 뒤에서 호위하시리니 너희가 황급히 나오지 아니하며 도망하듯 다니지 아니하리라

렘 7:3
만군의 여호와 이스라엘의 하나님께서 이와 같이 말씀하시되 너희 길과 행위를 바르게 하라 그리하면 내가 너희로 이 곳에 살게 하리라

렘 11:3
그들에게 이르기를 이스라엘의 하나님 여호와께서 이와 같이 말씀하시되 이 언약의 말을 따르지 않는 자는 저주를 받을 것이니라

렘 23:2
그러므로 이스라엘의 하나님 여호와께서 내 백성을 기르는 목자에게 이와 같이 말씀하시니라 너희가 내 양 떼를 흩으며 그것을 몰아내고 돌보지 아니하였도다 보라 내가 너희의 악행 때문에 너희에게 보응하리라 여호와의 말씀이니라

렘 31:23
만군의 여호와 이스라엘의 하나님께서 이와 같이 말씀하시니라 내가 그 사로잡힌 자를 돌아오게 할 때에 그들이 유다 땅과 그 성읍들에서 다시 이 말을 쓰리니 곧 의로운 처소여, 거룩한 산이여, 여호와께서 네게 복 주시기를 원하노라 할 것이며

렘 32:14-15
만군의 여호와 이스라엘의 하나님께서 이와 같이 말씀하시기를 너는 이 증서 곧 봉인하고 봉인하지 않은 매매 증서를 가지고 토기에 담아 오랫동

안 보존하게 하라 만군의 여호와 이스라엘의 하나님께서 이와 같이 말씀하시니라 사람이 이 땅에서 집과 밭과 포도원을 다시 사게 되리라 하셨다 하니라

렘 35:13
만군의 여호와 이스라엘의 하나님께서 이와 같이 말씀하시니라 너는 가서 유다 사람들과 예루살렘 주민에게 이르기를 너희가 내 말을 들으며 교훈을 받지 아니하겠느냐 여호와의 말씀이니라

렘 35:17-19
그러므로 만군의 여호와 이스라엘의 하나님께서 이와 같이 말씀하시니라 보라 내가 유다와 예루살렘의 모든 주민에게 내가 그들에게 대하여 선포한 모든 재앙을 내리리니 이는 내가 그들에게 말하여도 듣지 아니하며 불러도 대답하지 아니함이니라 하셨다 하라
예레미야가 레갑 사람의 가문에게 이르되 만군의 여호와 이스라엘의 하나님께서 이와 같이 말씀하시기를 너희가 너희 선조 요나답의 명령을 순종하여 그의 모든 규율을 지키며 그가 너희에게 명령한 것을 행하였도다 그러므로 만군의 여호와 이스라엘의 하나님께서 이와 같이 말씀하시니라 레갑의 아들 요나답에게서 내 앞에 설 사람이 영원히 끊어지지 아니하리라 하시니라

렘 42:9-10
그들에게 이르되 너희가 나를 보내어 너희의 간구를 이스라엘의 하나님 여호와께 드리게 하지 아니하였느냐 그가 이렇게 이르니라 너희가 이 땅에 눌러 앉아 산다면 내가 너희를 세우고 헐지 아니하며 너희를 심고 뽑지 아니하리니 이는 내가 너희에게 내린 재난에 대하여 뜻을 돌이킴이라

겔 9:3
그룹에 머물러 있던 이스라엘 하나님의 영광이 성전 문지방에 이르더니 여호와께서 그 가는 베 옷을 입고 서기관의 먹 그릇을 찬 사람을 불러

겔 10:18-19
여호와의 영광이 성전 문지방을 떠나서 그룹들 위에 머무르니 그룹들이 날개를 들고 내 눈 앞의 땅에서 올라가는데 그들이 나갈 때에 바퀴도 그 곁에서 함께 하더라 그들이 여호와의 전으로 들어가는 동문에 머물고 이스라엘 하나님의 영광이 그 위에 덮였더라

겔 11:22-23
그 때에 그룹들이 날개를 드는데 바퀴도 그 곁에 있고 이스라엘 하나님의 영광도 그 위에 덮였더니 여호와의 영광이 성읍 가운데에서부터 올라가 성읍 동쪽 산에 머무르고

겔 43:1-2
그 후에 그가 나를 데리고 문에 이르니 곧 동쪽을 향한 문이라 이스라엘 하나님의 영광이 동쪽에서부터 오는데 하나님의 음성이 많은 물 소리 같고 땅은 그 영광으로 말미암아 빛나니

이 구절들은 성경에 나오는 이스라엘 하나님의 언급 중 일부에 불과하며, 그 수백 개 가운데에서 대표적으로 70구절만 발췌한 것이다.

제3장

헐몬산에서 아브라함과 맺으신
하나님의 언약
이스라엘 온 땅을 위한 언약

이스라엘의 하나님께서 헐몬산에서 아브라함과 이스라엘 온 땅에 대한 언약을 맺으시다.

여호와께서 아브람에게 말씀하셨다.

> 여호와께서 아브람에게 이르시되
> 너는 너의 고향과 친척과 아버지의 집을 떠나 내가 네게 보여 줄 땅으로 가라
> 내가 너로 큰 민족을 이루고 네게 복을 주어
> 네 이름을 창대하게 하리니 너는 복이 될지라
> 너를 축복하는 자에게는 내가 복을 내리고
> 너를 저주하는 자에게는 내가 저주하리니
> 땅의 모든 족속이 너로 말미암아 복을 얻을 것이라 하신지라

> 이에 아브람이 여호와의 말씀을 따라갔고 롯도 그와 함께 갔으며
> 아브람이 하란을 떠날 때에 칠십오 세였더라
> 아브람이 그의 아내 사래와 조카 롯과 하란에서 모은 모든 소유와
> 얻은 사람들을 이끌고 가나안 땅으로 가려고 떠나서
> 마침내 가나안 땅에 들어갔더라(창 12:1-5)

아브라함이 이라크의 고대 도시 하란을 떠난 뒤 처음 도착한 곳은 이스라엘 북부였다. 그는 그곳에서 헐몬산을 건넌 것으로 보인다. 유대 전승에 따르면, 창세기 15장의 하나님의 언약은 골란의 헐몬산 정상에서 이루어졌다고 전해진다. 오늘날 그곳에는 이를 기념하는 건물도 있다.

나는 하나님의 말씀이 환상 가운데 아브람에게 임하여, 하나님께서 헐몬산에서 그와 언약을 맺으셨다고 믿는다. "이 후에 여호와의 말씀이 환상 중에 아브람에게 임하여 이르시되 아브람아 두려워하지 말라 나는 네 방패요 너의 지극히 큰 상급이니라"(창 15:1) 이스라엘의 언약의 하나님은 우리의 방패이시다. 또한 스가랴 12장 8절에서 여호와께서 말씀하시기를, "그 날에 여호와가 예루살렘 주민을 보호하리니 그 중에 약한 자가 그 날에는 다윗 같겠고 다윗의 족속은 하나님 같고 무리 앞에 있는 여호와의 사자 같을 것이라" 하셨다.

아브라함은 다메섹 출신 종 엘리에셀이 상속자가 될 것이라 생각했으나, 하나님께서는 아브라함의 몸에서 난 아들이 상속자가 될 것이라고 약속하셨다.

그를 이끌고 밖으로 나가 이르시되

"하늘을 우러러 뭇별을 셀 수 있나 보라

또 그에게 이르시되 네 자손이 이와 같으리라"

아브람이 여호와를 믿으니 여호와께서 이를 그의 의로 여기시고,

또 그에게 이르시되 "나는 이 땅을 네게 주어 소유를 삼게 하려고

너를 갈대아인의 우르에서 이끌어 낸 여호와니라"(창 15:5-7)

그러자 아브라함은 하나님께서 약속하신 땅을 차지하게 될 것을 어떻게 알 수 있는지 물었을 때, 하나님께서 아브라함과 언약을 맺으셨다.

여호와께서 그에게 이르시되

나를 위하여 삼 년 된 암소와 삼 년 된 암염소와 삼 년 된 숫양과

산비둘기와 집비둘기 새끼를 가져올지니라

아브람이 그 모든 것을 가져다가 그 중간을 쪼개고 그 쪼갠 것을

마주 대하여 놓고 그 새는 쪼개지 아니하였으며

솔개가 그 사체 위에 내릴 때에는 아브람이 쫓았더라

해 질 때에 아브람에게 깊은 잠이 임하고

큰 흑암과 두려움이 그에게 임하였더니

여호와께서 아브람에게 이르시되 너는 반드시 알라

네 자손이 이방에서 객이 되어 그들을 섬기겠고

그들은 사백 년 동안 네 자손을 괴롭히리니

그들이 섬기는 나라를 내가 징벌할지며

그 후에 네 자손이 큰 재물을 이끌고 나오리라

너는 장수하다가 평안히 조상에게로 돌아가 장사될 것이요

네 자손은 사대 만에 이 땅으로 돌아오리니

이는 아모리 족속의 죄악이 아직 가득 차지 아니함이니라 하시더니

해가 져서 어두울 때에 연기 나는 화로가 보이며

타는 횃불이 쪼갠 고기 사이로 지나더라

그 날에 여호와께서 아브람과 더불어 언약을 세워 이르시되

내가 이 땅을 애굽 강에서부터 그 큰 강 유브라데까지 네 자손에게 주노니

곧 겐 족속과 그니스 족속과 갓몬 족속과 헷 족속과 브리스 족속과

르바 족속과 아모리 족속과 가나안 족속과 기르가스 족속과

여부스 족속의 땅이니라 하셨더라 **(창 15:9-21)**

그날 하나님께서는 창세기 15장에 기록된 대로 언약을 아브라함과 맺으시며, 그의 자손들이 애굽 강에서부터 큰 강 유브라데까지의 땅을 받게 될 것이라고 말씀하셨다. 이후 이스마엘과 이삭이 태어나 두 민족이 되었고, 그때부터 두 민족 사이에는 큰 갈등이 이어져 왔다. 특히 이스라엘이 재건된 이후 그 갈등은 더욱 격화되었다. 그러나 하나님의 본래 목적은 유대인과 아랍인 모두가 복을 받는 것이었다(사 19:23-25). 하지만 구원과 화해의 온전한 열매는 아직 완전히 실현되지 않았다.

이사야는 예루살렘의 구원이 타오르는 횃불과 같을 것이라 말한다(사 62:1). 곧 유대인과 아랍인 사이에 화해를 밝히는 횃불과 같을 것이다.

놀랍게도 오늘, 이 마지막 때에 하나님께서는 이 두 민족을 메시아 안에서 하나로 회복하시겠다고 약속하셨다. 우리는 이집트 강에서부터 큰 강 유프라테스에 이르기까지, 이집트와 이스라엘과 앗시리아의 유대인과 아랍인이 땅의 한가운데에서 하나님을 예배하며 세상 한가운데서 복이 되는 것을 보게 될 것이다.

> 그 날에 애굽에서 앗수르로 통하는 대로가 있어
> 앗수르 사람은 애굽으로 가겠고 애굽 사람은 앗수르로 갈 것이며
> 애굽 사람이 앗수르 사람과 함께 경배하리라
> 그 날에 이스라엘이 애굽 및 앗수르와 더불어 셋이 세계 중에 복이 되리니
> 이는 만군의 여호와께서 복 주시며 이르시되 내 백성 애굽이여,
> 내 손으로 지은 앗수르여, 나의 기업 이스라엘이여, 복이 있을지어다
> 하실 것임이라(사 19:23-25)

창세기 1장 27절은 "하나님이 자기 형상 곧 하나님의 형상대로 사람을 창조하시되 남자와 여자를 창조하시고"라고 말한다. 신명기 6장 4절은 "이스라엘아 들으라 우리 하나님 여호와는 오직 유일한 여호와이시니"라고 말한다. 하나님이 한 분이신 것처럼 헐몬산도 한 산이다. 헐몬산에는 세 개의 봉우리가 있는데, 하나는 이스라엘에, 하나는 레바논에, 또 하나는 시리아에 있다. 이 산이 나뉘어 있는 것처럼, 이 나라들의 유대인과 아랍인도 나뉘어 있다. 그러나 이 지역의 유대인과 아랍인은 하나가 될 것이다.

시편 133편은 이렇게 말씀한다.

> 보라 형제가 연합하여 동거함이 어찌 그리 선하고 아름다운고
> 머리에 있는 보배로운 기름이 수염 곧 아론의 수염에 흘러서
> 그의 옷깃까지 내림 같고 헐몬의 이슬이 시온의 산들에 내림 같도다
> 거기서 여호와께서 복을 명령하셨나니 곧 영생이로다

마치 **헐몬의 이슬이 시온의 산들 위에 내리는 것과 같다.** 이는 헐몬산의 모든 봉우리에서부터 이스라엘의 심장부, 곧 사마리아와 유다—세겜, 벧엘, 헤브론, 예루살렘—그리고 이스라엘 옷자락 끝 엘랏에 이르기까지 일어날 일이다. 그곳에서 여호와께서 복을 명하시니, 곧 영생이다.

또한 헐몬산은 어떤 이들에 의해 변화산으로 여겨지는데, 바로 그곳에서 베드로가 "주는 그리스도시요 살아 계신 하나님의 아들이시니이다"라고 고백하였으며, 베드로와 야고보, 요한이 가이사랴 빌립보에서 세 개의 초막을 짓기를 원했던 곳이다. 그들이 헐몬산에 세 초막을 세우고자 했던 사실과 헐몬산의 세 봉우리는, 하나님의 장막 곧 아버지와 아들과 성령께서 사람들과 함께 거하신다는 것을 가리킨다.

> 아브람이 그 땅을 지나 세겜 땅 모레 상수리나무에 이르니
> 그 때에 가나안 사람이 그 땅에 거주하였더라
> 여호와께서 아브람에게 나타나 이르시되
> 내가 이 땅을 네 자손에게 주리라 하신지라
> 자기에게 나타나신 여호와께 그가 그 곳에서 제단을 쌓고 (창 12:6-7)

하나님께서 아브라함과 언약을 맺으신 후, 하나님은 아브라함의 두 아

들 이삭과 이스마엘을 부르셨다. 1973년 10월 욤 키푸르에 이집트와 시리아 및 다른 아랍 국가들이 이스라엘을 공격하여 이스라엘을 멸망시키려 했지만, 하나님께서 개입하셔서 이스라엘이 골란고원을 되찾게 하셨다. 골란고원은 성경적 약속의 땅이며, 이스라엘이 주권을 지키는 데 중요한 지역이다.

2019년 1월 19일 오후 7시, 골란고원의 카츠린에서 헐몬·골란 24시간 기도의 집이 시작되었다. 우리는 시편 91편을 선포했고, 12시간 후 시리아가 헐몬산 상공으로 로켓을 발사했으나 하나님께서 이스라엘을 지키셨다. 그로부터 40일 뒤, 네타냐후 총리는 미국 국무장관과 함께 골란고원을 방문했다. 이어 모든 나라를 위한 부림 금식 선포 후 62일째 되는 날, 도널드 트럼프 미국 대통령이 골란고원에 대한 이스라엘의 주권을 공식 인정했다. 이후 이스라엘은 골란에 '트럼프 고원(Trump Heights)'이라는 새로운 정착촌을 세움으로써 도널드 트럼프를 기렸다.

그 후 4천 년 동안 이삭과 이스마엘의 후손 사이의 갈등은 계속되었다. 그러나 우리는 지금 회복의 날들 가운데 살고 있다. 아브라함은 이삭과 이스마엘의 아버지일 뿐 아니라 온 땅의 모든 믿는 자들의 아버지다. 아랍인을 포함한 모든 그리스도인은 아브라함의 믿음의 자손이다.

여호와께서 여호수아에게 명령하시기를,
"온 땅을 차지함으로써 나의 언약을 성취하라" 하셨다.

여호와의 종 모세가 죽은 후에 여호와께서 모세의 수종자
눈의 아들 여호수아에게 말씀하여 이르시되

내 종 모세가 죽었으니 이제 너는 이 모든 백성과 더불어 일어나

이 요단을 건너 내가 그들 곧 이스라엘 자손에게 주는 그 땅으로 가라

내가 모세에게 말한 바와 같이 너희 발바닥으로 밟는 곳은

모두 내가 너희에게 주었노니

곧 광야와 이 레바논에서부터 큰 강 곧 유브라데 강까지

헷 족속의 온 땅과 또 해 지는 쪽 대해까지 너희의 영토가 되리라

네 평생에 너를 능히 대적할 자가 없으리니

내가 모세와 함께 있었던 것 같이 너와 함께 있을 것임이니라

내가 너를 떠나지 아니하며 버리지 아니하리니 강하고 담대하라

너는 내가 그들의 조상에게 맹세하여 그들에게 주리라 한 땅을

이 백성에게 차지하게 하리라

오직 강하고 극히 담대하여 나의 종 모세가 네게 명령한

그 율법을 다 지켜 행하고 우로나 좌로나 치우치지 말라

그리하면 어디로 가든지 형통하리니

이 율법책을 네 입에서 떠나지 말게 하며 주야로 그것을 묵상하여

그 안에 기록된 대로 다 지켜 행하라

그리하면 네 길이 평탄하게 될 것이며 네가 형통하리라

내가 네게 명령한 것이 아니냐 강하고 담대하라

두려워하지 말며 놀라지 말라

네가 어디로 가든지 네 하나님 여호와가 너와 함께 하느니라 하시니라

이에 여호수아가 그 백성의 관리들에게 명령하여 이르되

진중에 두루 다니며 그 백성에게 명령하여 이르기를 양식을 준비하라

　　사흘 안에 너희가 이 요단을 건너

　　너희의 하나님 여호와께서 너희에게 주사

　　차지하게 하시는 땅을 차지하기 위하여 들어갈 것임이니라 하라(수 1:1-11)

　하나님께서는 4천 년 전과 같이 오늘날 이 땅의 유대인들에게 다시 이 말씀을 하고 계신다. 또한 하나님께서는 오늘날 아랍인 그리스도인들과 전 세계 그리스도인들에게도 동일하게 말씀하시며, 이스라엘의 하나님과 그분의 땅과 맺으신 언약 위에 굳게 서서 그 땅을 육적으로나 영적으로도 온전히 차지하라고 하신다.

2부

네 언약 제단의 회복
이스라엘의 집의 기초와 기둥

우리는 지금 역사의 한 바퀴를 돌아 예루살렘과 이스라엘의 뿌리로 돌아가고 있다고 믿는다. 오늘날 이스라엘에서 벌어지는 가장 큰 전투들은 중동 전체와 전 세계에 영향을 미치고 있으며, 바로 아브라함이 하나님께 제단을 쌓고 하나님께서 그분의 백성과 언약을 맺으신 그 장소들에서 일어나고 있다.

세겜(나블루스), 벧엘(라말라), 헤브론(기랏 아르바), 그리고 모리아산(예루살렘), 이곳에서 아브라함과 야곱, 다윗이 주님께 제단과 기둥을 세웠고, 하나님께서는 그들과 그들의 후손과 언약을 맺으셨다.

오슬로 협정과 국제 사회의 '로드맵'이 심각하게 실패한 시도였음에도 불구하고, 이스라엘은 그 비극적 실수로부터 교훈을 얻지 못한 듯 보인다. 오늘날 다시금 이스라엘의 심장부, 곧 하나님께서 이스라엘과 언약을 맺으신 땅을 팔레스타인 이슬람 국가에 넘기려는 계획들이 추진되고 있다.

그러므로 성경을 믿는 유대인들과 그리스도인들은 믿음 안에서 함께 일어나, 이스라엘의 중심부에 있는 제단들과 기초와 기둥을 차지하고 회복하라는 하나님의 언약에 굳게 서야 한다.

제4장

세겜 언약의 약속 제단

아브라함이 처음으로 제단을 쌓은 곳은 세겜이었다. 아브라함이 세겜에 도착했을 때 여호와께서 그에게 나타나 "내가 이 땅을 네 자손에게 주리라"(창 12:7)라고 말씀하셨다. 그곳에서 아브라함은 첫 번째 제단을 쌓았다. 아브라함이 세겜에서 여호와께 첫 제단을 쌓았을 때, 하나님께서는 그에게 땅을 주시겠다고 말씀하셨다. 하나님께서 누군가에게 어떤 것을 약속하실 때, 그분은 그와 언약을 맺으신다. 하나님께서는 아브라함과 언약을 맺으시며 말씀하셨다. "내가 이 땅을 네 자손에게 주리라."

하나님께서는 세겜에서 아브라함의 자손에게 땅을 주셨을 뿐만 아니라, 야곱에게도 그 땅을 약속하셨다.

> 야곱이 밧단아람에서부터 평안히 가나안 땅 세겜 성읍에 이르러
> 그 성읍 앞에 장막을 치고 그가 장막을 친 밭을
> 세겜의 아버지 하몰의 아들들의 손에서 백 크시타에 샀으며

> 거기에 제단을 쌓고 그 이름을 엘엘로헤 이스라엘
> (하나님, 곧 이스라엘의 하나님)이라 불렀더라(창 33:18-20)

세겜에서 야곱은 조상 아브라함의 하나님을 자신의 하나님으로 선포하고 인정하였다. 할렐루야! 하나님은 야곱을, 하나님께서 아브라함과 언약을 맺으시고 아브라함이 제단을 쌓은 바로 그곳으로 데려오셨다. 하나님께서 먼저 아브라함과 언약을 맺으셨기 때문에, 야곱은 하나님께서 그 언약을 세우신 일을 바라보고, 그곳으로 돌아가 언약을 새롭게 할 수 있었다. 그곳에서 야곱은 땅을 사서, 그의 조상처럼 여호와께 제단을 쌓았다. 야곱은 하나님께서 이스라엘과 언약을 맺으신 일이 지닌 엄숙함을 인식했기 때문에, 단지 제단만 쌓은 것이 아니라 그 땅을 사서 우물까지 팠다.

또한 창세기 37장에는 세겜 근처에서 일어난 중요한 사건이 기록되어 있다. 곧 언약이 맺어진 그곳에서 요셉이 형들에게 팔려 애굽으로 내려가게 되었고, 그로 인해 이스라엘 민족은 400년 동안 애굽에서 살게 되었다. 그러나 언약의 땅 세겜은 잊히지 않았다.

> 또 이스라엘 자손이 애굽에서 가져 온 요셉의 뼈를 세겜에 장사하였으니
> 이곳은 야곱이 백 크시타를 주고
> 세겜의 아버지 하몰의 자손들에게서 산 밭이라
> 그것이 요셉 자손의 기업이 되었더라(수 24:32)

세겜 근처 에브라임 산지에서, 하나님께서는 요셉의 자손 중 한 사람인

여호수아에게 그의 기업을 주셨다. 그것은 사마리아에 있는 딤낫 세라라는 성읍이었다(수 19:49-50).

여호수아의 세겜 제단

요셉이 애굽에 종으로 팔려간 지 400년 후, 창세기 15장에서 아브라함이 환상 가운데서 보았던 대로, 여호수아는 이스라엘 백성을 아브라함과 이삭과 야곱과 그들의 자손에게 기업으로 맹세된 땅으로 인도하였다. 여호수아가 세겜에 이르렀을 때, 그는 신명기 27장에서 모세가 명령한 대로 여호와께 제단을 쌓았다.

그 때에 여호수아가 이스라엘의 하나님 여호와를 위하여
에발 산에 한 제단을 쌓았으니
이는 여호와의 종 모세가 이스라엘 자손에게 명령한 것과
모세의 율법책에 기록된 대로
쇠 연장으로 다듬지 아니한 새 돌로 만든 제단이라
무리가 여호와께 번제물과 화목제물을 그 위에 드렸으며
여호수아가 거기서 모세가 기록한 율법을
이스라엘 자손의 목전에서 그 돌에 기록하매
온 이스라엘과 그 장로들과 관리들과 재판장들과 본토인뿐 아니라
이방인까지 여호와의 언약궤를 멘 레위 사람 제사장들 앞에서
궤의 좌우에 서되 절반은 그리심 산 앞에, 절반은 에발 산 앞에 섰으니

이는 전에 여호와의 종 모세가 이스라엘 백성에게 축복하라고
명령한 대로 함이라
그 후에 여호수아가 율법책에 기록된 모든 것 대로 축복과 저주하는
율법의 모든 말씀을 낭독하였으니
모세가 명령한 것은 여호수아가 이스라엘 온 회중과 여자들과 아이와
그들 중에 동행하는 거류민들 앞에서 낭독하지 아니한 말이
하나도 없었더라 (수 8:30-35)

세겜에서 갱신된 하나님과 땅의 언약

여호수아와 이스라엘 군대가 그 땅을 차지한 후, 하나님께서 아브라함과 야곱과 맺으신 언약, 이스라엘에게 그 땅을 주시겠다는 약속이 세겜에서 새롭게 확증되었다. 세겜은 하나님께서 아브라함에게 "이 땅을 너와 네 자손에게 주겠다"고 약속하신 곳이며, 야곱이 땅을 사고 우물을 판 곳이고, 조상들이 제단을 쌓았던 언약의 자리이다. 그곳은 이스라엘의 중심부의 기초가 되는 자리이며, 이스라엘 집의 기둥이 되는 곳이다.

여호수아가 이스라엘 모든 지파를 세겜에 모으고
이스라엘 장로들과 그들의 수령들과 재판장들과 관리들을 부르매
그들이 하나님 앞에 나와 선지라

여호수아가 모든 백성에게 이르되

이스라엘의 하나님 여호와께서 이같이 말씀하시기를

옛적에 너희의 조상들 곧 아브라함의 아버지, 나홀의 아버지 데라가

강 저쪽에 거주하여 다른 신들을 섬겼으나

내가 너희의 조상 아브라함을 강 저쪽에서 이끌어 내어

가나안 온 땅에 두루 행하게 하고 그의 씨를 번성하게 하려고

그에게 이삭을 주었으며

이삭에게는 야곱과 에서를 주었고 에서에게는 세일 산을

소유로 주었으나 야곱과 그의 자손들은 애굽으로 내려갔으므로

내가 모세와 아론을 보내었고 또 애굽에 재앙을 내렸나니

곧 내가 그들 가운데 행한 것과 같고 그 후에 너희를 인도하여 내었노라

내가 너희의 조상들을 애굽에서 인도하여 내어 바다에 이르게 한즉

애굽 사람들이 병거와 마병을 거느리고 너희의 조상들을 홍해까지 쫓아오므로

너희의 조상들이 나 여호와께 부르짖기로

내가 너희와 애굽 사람들 사이에 흑암을 두고 바다를 이끌어 그들을 덮었나니

내가 애굽에서 행한 일을 너희의 눈이 보았으며

또 너희가 많은 날을 광야에서 거주하였느니라

내가 또 너희를 인도하여

요단 저쪽에 거주하는 아모리 족속의 땅으로 들어가게 하매

그들이 너희와 싸우기로 내가 그들을 너희 손에 넘겨 주매

너희가 그 땅을 점령하였고 나는 그들을 너희 앞에서 멸절시켰으며

또한 모압 왕 십볼의 아들 발락이 일어나 이스라엘과 싸우더니

사람을 보내어 브올의 아들 발람을 불러다가 너희를 저주하게 하려 하였으나

내가 발람을 위해 듣기를 원하지 아니하였으므로

그가 오히려 너희를 축복하였고

나는 너희를 그의 손에서 건져내었으며

너희가 요단을 건너 여리고에 이른즉 여리고 주민들

곧 아모리 족속과 브리스 족속과 가나안 족속과 헷 족속과

기르가스 족속과 히위 족속과 여부스 족속이 너희와 싸우기로

내가 그들을 너희의 손에 넘겨 주었으며

내가 왕벌을 너희 앞에 보내어 그 아모리 족속의 두 왕을

너희 앞에서 쫓아내게 하였나니

너희의 칼이나 너희의 활로써 이같이 한 것이 아니며

내가 또 너희가 수고하지 아니한 땅과 너희가 건설하지 아니한 성읍들을

너희에게 주었더니 너희가 그 가운데에 거주하며

너희는 또 너희가 심지 아니한 포도원과 감람원의 열매를 먹는다 하셨느니라

그러므로 이제는 여호와를 경외하며 온전함과 진실함으로 그를 섬기라

너희의 조상들이 강 저쪽과 애굽에서 섬기던 신들을 치워 버리고

여호와만 섬기라

만일 여호와를 섬기는 것이 너희에게 좋지 않게 보이거든

너희 조상들이 강 저쪽에서 섬기던 신들이든지

또는 너희가 거주하는 땅에 있는 아모리 족속의 신들이든지

너희가 섬길 자를 오늘 택하라 오직 나와 내 집은 여호와를 섬기겠노라 하니

백성이 대답하여 이르되

우리가 결단코 여호와를 버리고 다른 신들을 섬기기를 하지 아니하오리니

이는 우리 하나님 여호와께서 친히 우리와 우리 조상들을 인도하여

애굽 땅 종 되었던 집에서 올라오게 하시고

우리 목전에서 그 큰 이적들을 행하시고 우리가 행한 모든 길과

우리가 지나온 모든 백성들 중에서 우리를 보호하셨음이며

여호와께서 또 모든 백성들과 이 땅에 거주하던 아모리 족속을

우리 앞에서 쫓아내셨음이라

그러므로 우리도 여호와를 섬기리니 그는 우리 하나님이심이니이다 하니라

여호수아가 백성에게 이르되 너희가 여호와를 능히 섬기지 못할 것은

그는 거룩하신 하나님이시요 질투하시는 하나님이시니

너희의 잘못과 죄들을 사하지 아니하실 것임이라

만일 너희가 여호와를 버리고 이방 신들을 섬기면

너희에게 복을 내리신 후에라도 돌이켜 너희에게 재앙을 내리시고

너희를 멸하시리라 하니

백성이 여호수아에게 말하되

"아니니이다 우리가 여호와를 섬기겠나이다" 하는지라

여호수아가 백성에게 이르되

"너희가 여호와를 택하고 그를 섬기리라 하였으니

스스로 증인이 되었느니라" 하니

그들이 이르되

"우리가 증인이 되었나이다" 하더라

여호수아가 이르되

"그러면 이제 너희 중에 있는 이방 신들을 치워 버리고

너희의 마음을 이스라엘의 하나님 여호와께로 향하라" 하니

백성이 여호수아에게 말하되

"우리 하나님 여호와를 우리가 섬기고

그의 목소리를 우리가 청종하리이다" 하는지라

그 날에 여호수아가 세겜에서 백성과 더불어 언약을 맺고

그들을 위하여 율례와 법도를 제정하였더라

여호수아가 이 모든 말씀을 하나님의 율법책에 기록하고

큰 돌을 가져다가 거기 여호와의 성소 곁에 있는 상수리나무 아래에 세우고

모든 백성에게 이르되

"보라 이 돌이 우리에게 증거가 되리니

이는 여호와께서 우리에게 하신 모든 말씀을 이 돌이 들었음이니라

그런즉 너희가 너희의 하나님을 부인하지 못하도록

이 돌이 증거가 되리라" 하고 (수 24:1-27)

이제 모든 유대인들이 다시금 세겜에서 하나님과 땅의 언약을 새롭게 해야 할 때이다.

2002년 유월절 동안, 세겜의 유대인 거주지인 엘론 모레에서 다섯 명의 유대인이 살해되었다. 2002년 10월부터 이스라엘 법에 의해 유대인들은 요셉의 무덤을 방문하는 것이 금지되었다. 그리고 불과 네 달 뒤인 2003년 2월, 무슬림 테러리스트들이 세겜에 있는 요셉의 무덤을 파괴하며, 유대인들을 이 언약의 기초적인 장소들에서 몰아내려 했다. 그러나 이때 유대인이나 그리스도인들 가운데 반응하거나 항의한 사람은 거의 없었다.

유대인이 아브라함의 자손이고, 그리스도인들이 믿음으로 아브라함의 자녀라면, 어째서 믿음의 기초가 되는 장소들이 파괴되는 것을 허용하는 것일까? 그리스도인들은 성묘 교회나 예수의 무덤이 파괴되는 것을 허용하지 않으며, 무슬림들도 메카나 바위 돔이 파괴되는 것을 허용하지 않는다. 그런데 왜 유대인들은 자신들에게 처음 땅이 약속된 곳, 첫 언약의 제단이 세워진 땅, 야곱이 값을 주고 산 땅, 그리고 요셉의 무덤이 있는 그 땅이 파괴되고 빼앗기는 것을 허용하는 것인가?

21세기 초인 오늘날, 이 언약은 이스라엘 땅에 있는 유대인들에 의해 세겜에서 다시 새롭게 되어야 하며, 성경을 믿는 아랍 그리스도인들과 전 세계의 그리스도인들이 함께 이를 지지해야 한다.

세겜에서의 예수님 사역

요한복음 4장에서 예수님께서 사마리아 여인과 만나 대화를 나누신 장소는 바로 세겜에 있는 야곱의 우물이었다. 그곳은 야곱이 값을 주고 산 땅이며, 요셉의 뼈가 묻힌 곳 근처였다. 예수님은 그 여인에게 우물에서 마실 것을 청하시며 말씀 하시기를 "네가 살아 있는 물, 곧 성령을 받아야 한다"라고 하셨다.

여자가 이르되
우리 조상 야곱이 이 우물을 우리에게 주셨고
또 여기서 자기와 자기 아들들과 짐승이 다 마셨는데
당신이 야곱보다 더 크니이까

예수께서 대답하여 이르시되
이 물을 마시는 자마다 다시 목마르려니와
내가 주는 물을 마시는 자는 영원히 목마르지 아니하리니
내가 주는 물은 그 속에서 영생하도록 솟아나는 샘물이 되리라(요 4:12-14)

예수께서 그녀에게 말씀하셨다.

너희는 알지 못하는 것을 예배하고 우리는 아는 것을 예배하노니
이는 구원이 유대인에게서 남이라
아버지께 참되게 예배하는 자들은 영과 진리로 예배할 때가 오나니

> 곧 이 때라 아버지께서는 자기에게 이렇게 예배하는 자들을
> 찾으시느니라(요 4:22-23)

약 2천 년 전 세겜에서 예수님과 사마리아 여인 사이에 있었던 이야기는, 하나님께서 오늘 세겜에서 다시 이루고자 하시는 일이다. 하나님은 세겜과 엘론 모레에서 유대인과 아랍인이 함께 이스라엘의 하나님을 예배하도록, 제단을 다시 세우고 우물을 다시 파기를 원하신다. 이는 이사야 19장 23절-25절에서 말씀하신 바, '애굽과 이스라엘과 앗시리아가 함께 하나님을 예배하여, 땅의 한가운데서 복이 되리라'는 토대가 된다.

오늘날 세겜의 아랍인들 가운데는 메시아를 믿고, 이스라엘의 하나님과 유대 백성, 그리고 세겜에서 처음 맺어진 이스라엘 중심부에 대한 하나님의 언약을 받아들이며, 하나님의 평화 계획을 위한 길을 준비하고 있다. 유대인과 아랍인이 함께 성령과 성경에 기록된 하나님의 언약에 대한 완전한 진리를 온전히 받아들일 때에만, 그분의 평화 계획이 이루어질 것이다. 그때 그들은 화해되고 회복된 아브라함의 자손으로서, 땅의 중심에서 복이 되며, 영과 진리로 함께 이스라엘의 하나님을 온전히 예배할 수 있을 것이다.

한 이라크 그리스도인의 간증

이스라엘의 하나님과 그분의 아브라함 언약을 신뢰하도록 두 명의 세

겜 사람을 인도한 이라크 그리스도인의 간증이다.

저는 이라크에서 아홉 남매 가운데 한 가정에서 자랐습니다. 학교에서는 유대인과 시온주의 운동을 증오하라고 배웠고, 우리는 온갖 신화와 반유대주의적인 가르침으로 세뇌당했습니다. 그러나 하나님에 대한 믿음과 예수님과의 관계가 저를 중동 정세에 관심을 갖게 만들었습니다.

아랍인이 유대인을 사랑하게 되려면 하나님께로부터 계시를 받아야 합니다. 하나님과의 깊은 만남만이 아랍인의 굳은 마음을 녹여 유대인을 향해 마음을 열게 할 수 있습니다. 예수님을 통해 제 마음에 들어온 사랑은 유대인과 아랍인, 흑인과 백인 모두를 위한 순수하고 무조건적인 사랑이었습니다.

예수님을 영접하고 나서 저는 이렇게 기도했습니다. "주님, 제가 여기 있습니다. 무엇을 하길 원하십니까?" 그 기도의 결과로 하나님은 여섯 번이나 저를 이 축복된 땅, 이스라엘로 보내셨습니다. 저는 평화의 사자로서 이 땅에 왔습니다. 분쟁의 적국인 이라크 출신의 사람이 유대인에게 와서 "당신들의 하나님이 참 하나님입니다"라고 말하러 온 것입니다. 저는 유대인들에게 하나님을 사랑한다고, 당신들을 사랑한다고 말하러 이스라엘에 옵니다. 하나님께서 미움의 사슬을 끊고 사랑의 강이 이라크에서 이스라엘로 흘러가게 하시는 도구로 저를 사용하시기를 원합니다.

저희 교회에는 팔레스타인인, 레바논인, 시리아인, 이라크인이 함께 모이고 있습니다. 우리는 모두 이스라엘을 사랑하며, 날마다 예루살렘의 평화를 위해, 아랍인과 유대인 사이의 화해를 위해 기도합니다. 우리는 히브리어와 아랍어로 함께 찬양하고, 공개적으로 우리의 믿음을 나눕니다. 우리 믿음의 기초는 오직 성경입니다. 제 생애 동안 저는 이사야 19장 23절-25절의 말씀이 이루어지는 것을 보고 싶습니다.

세겜 근처는 유대와 사마리아에서 마알레 아두밈 다음으로 큰 도시인 아리엘의 시장 론 나흐만이 있다. 그는 이스라엘의 하나님을 굳게 믿는 사람이며, 그리스도인들의 친구로서 매주 자신의 사무실을 그리스도인들에게 개방하여, 아리엘과 유대와 사마리아를 위해 이스라엘의 하나님께 기도할 수 있도록 하고 있다. 이는 하나님의 언약과 그분의 땅에 대한 유대인과 그리스도인 간의 화해와 연대가 더욱 굳건해지고 있음을 보여주는 강력한 증거이다.

제5장

벧엘 언약의 약속 제단

거기서 벧엘 동쪽 산으로 옮겨 장막을 치니 서쪽은 벧엘이요 동쪽은 아이라
그가 그 곳에서 여호와께 제단을 쌓고 여호와의 이름을 부르더니(창 12:8)

아브라함이 세겜에서 제단을 쌓은 후 다음으로 도착한 곳은 벧엘이었다. 그곳에서도 그는 여호와께 또 다른 제단을 쌓았다. 세겜과 벧엘은 여호와께서 이스라엘, 곧 유대 민족과 맺으신 기초적인 언약의 장소들이다.

아브라함은 처음 두 제단을 쌓은 후 네게브로 향했고, 이집트로, 곧 아프리카로 내려갔다. 나는 그가 남아프리카까지 내려갔다고는 생각하지 않지만, 그는 분명 아프리카로 갔다. 나는 아프리카 나라들에게 특별한 자리가 있다고 믿는다. 왜냐하면 이집트는 예언적 탄생의 장소이기 때문이다.

아브라함은 이집트에서 나왔고, 이스라엘 자손들은 이집트에서 불려 나왔으며, 메시아 또한 이집트에서 불러내심을 받았다. 하나님께서는 "마

지막 날에 애굽에서 이스라엘을 거쳐 앗시리아로 이어지는 대로를 내실 것이다"(사 19:23-25)라고 말씀하셨다.

요셉이 형제들에게 자신을 드러낸 곳도 이집트였다. 다윗과 예수님의 고향인 베들레헴도 이 관문에 위치해 있다. 이곳은 예언적 탄생의 관문이다.

아브라함은 이집트에서 나온 후, 그는 벧엘에서 여호와께 제단을 쌓았던 그곳으로 돌아왔다. 벧엘에 머무는 동안 하나님께서 아브라함에게 말씀하셨다.

> 롯이 아브람을 떠난 후에 여호와께서 아브람에게 이르시되
> 너는 눈을 들어 너 있는 곳에서 북쪽과 남쪽 그리고 동쪽과 서쪽을 바라보라
> 보이는 땅을 내가 너와 네 자손에게 주리니 영원히 이르리라
> 내가 네 자손이 땅의 티끌 같게 하리니
> 사람이 땅의 티끌을 능히 셀 수 있을진대 네 자손도 세리라
> 너는 일어나 그 땅을 종과 횡으로 두루 다녀 보라
> 내가 그것을 네게 주리라(창 13:14-17)

2003년 유월절 기간에 나는 오늘날의 벧엘 공동체에 있었는데, 그곳에서 25년간 살고 있던 한 주민이 내게 자기가 벧엘에서 본 것들을 이야기해 주었다. "북쪽으로는 헐몬산의 눈, 남쪽으로는 예루살렘, 가자, 헤브론 산지, 동쪽으로는 요르단 산지, 서쪽으로는 지중해와 텔아비브까지 볼 수 있다." 그는 마치 아브라함처럼, 벧엘에서 하나님께서 약속하신 땅을 바라보았던 것이다.

아브라함만이 벧엘에서 여호와께 제단을 쌓은 것이 아니었다.

야곱이 브엘세바에서 떠나 하란으로 향하여 가더니
한 곳에 이르러는 해가 진지라
거기서 유숙하려고 그 곳의 한 돌을 가져다가 베개로 삼고 거기 누워 자더니
꿈에 본즉 사닥다리가 땅 위에 서 있는데 그 꼭대기가 하늘에 닿았고
또 본즉 하나님의 사자들이 그 위에서 오르락내리락 하고

또 본즉 여호와께서 그 위에 서서 이르시되
나는 여호와니 너의 조부 아브라함의 하나님이요 이삭의 하나님이라
네가 누워 있는 땅을 내가 너와 네 자손에게 주리니
네 자손이 땅의 티끌 같이 되어 네가 서쪽과 동쪽과 북쪽과
남쪽으로 퍼져나갈지며
땅의 모든 족속이 너와 네 자손으로 말미암아 복을 받으리라
내가 너와 함께 있어 네가 어디로 가든지 너를 지키며
너를 이끌어 이 땅으로 돌아오게 할지라 내가 네게 허락한 것을
다 이루기까지 너를 떠나지 아니하리라 하신지라

야곱이 잠이 깨어 이르되
여호와께서 과연 여기 계시거늘 내가 알지 못하였도다
이에 두려워하여 이르되 두렵도다 이 곳이여
이것은 다름 아닌 하나님의 집이요 이는 하늘의 문이로다 하고 (창 28:10-17)

야곱은 그의 아버지의 언약 안으로 들어가기를 원했기 때문에 다시 벧엘로 돌아갔다. 사람들은 하나님과 언약을 맺을 때, 언약의 장소로 돌아가기를 원한다.

> 야곱이 아침에 일찍이 일어나 베개로 삼았던 돌을 가져다가 기둥으로 세우고 그 위에 기름을 붓고 그 곳 이름을 벧엘이라 하였더라
> 이 성의 옛 이름은 루스더라
>
> 야곱이 서원하여 이르되 하나님이 나와 함께 계셔서
> 내가 가는 이 길에서 나를 지키시고 먹을 떡과 입을 옷을 주시어
> 내가 평안히 아버지 집으로 돌아가게 하시오면
> 여호와께서 나의 하나님이 되실 것이요
> 내가 기둥으로 세운 이 돌이 하나님의 집이 될 것이요
> 하나님께서 내게 주신 모든 것에서 십분의 일을
> 내가 반드시 하나님께 드리겠나이다 하였더라 (창 28:18-22)

하나님은 벧엘에서 아브라함과 함께하셨고, 야곱을 다시 그곳으로 이끌어 오셔서 하늘을 여시고 하늘로부터 언약을 내려 땅 위의 야곱과 맺으셨다. 나는 이것이 에덴동산의 중심, 곧 나일강과 유프라테스강 사이에서 일어난 일이라고 믿는다. 그리고 바로 이 지역에서 하나님께서 이사야 19장의 말씀을 성취하실 것이다. **"애굽 사람이 앗수르 사람과 함께 경배하리라 그 날에 이스라엘이 애굽 및 앗수르와 더불어 셋이 세계 중에 복이 되리니"**

야곱은 창세기 35장에서 다시 벧엘로 돌아왔다. 곧 언약을 맺고 기둥을 세운 그 벧엘에서 하나님께서는 야곱의 이름을 이스라엘로 바꾸셨다.

> 하나님이 그에게 이르시되 네 이름이 야곱이지마는
> 네 이름을 다시는 야곱이라 부르지 않겠고
> 이스라엘이 네 이름이 되리라 하시고
> 그가 그의 이름을 이스라엘이라 부르시고
>
> 하나님이 그에게 이르시되
> 나는 전능한 하나님이라 생육하며 번성하라
> 한 백성과 백성들의 총회가 네게서 나오고 왕들이 네 허리에서 나오리라
> 내가 아브라함과 이삭에게 준 땅을 네게 주고
> 내가 네 후손에게도 그 땅을 주리라 하시고 (창 35:10-12)

벧엘은 이스라엘이 잉태된 곳(창 12장, 28장), 태어난 곳(창 35장), 그리고 야곱의 이름이 '이스라엘'로 바뀐 곳이다.

벧엘에서의 유월절

2002년 유월절에 예멘계 정통 유대인 요시 카파흐Yossi Kapach가 나를 벧엘로 초청하였다. 그는 이전에 미주 전역에서 모인 그리스도인들과 함께한 '미주 성회(All Americas Convocation)'에 참석한 적이 있었는

데, 그곳에서는 유대인 난민을 태운 S/S 세인트 루이스호의 생존자 62명과 그들의 배우자들, 그리고 미주 전역에서 온 그리스도인들이 함께 모였다. 그 자리에서 그리스도인들은 유대인들로 가득 찬 그 배가 쿠바나 플로리다 남부 해안에 상륙하지 못하게 막고, 결국 그들을 홀로코스트에서 죽도록 돌려보낸 것에 대해 유대인들에게 회개했다. 이 정통 유대인은 당시 이스라엘 총리와 예루살렘 시장의 환영 메시지를 성회에 전하며, 나를 벧엘에 있는 자신의 집으로 초청하였다.

그 유월절에 벧엘에서 우리는 1만 2천 명의 군인들과 천 대가 넘는 탱크들이 성문 앞에 배치되어 있는 것을 보았다. 야세르 아라파트의 본부는 벧엘에서 불과 1킬로미터 떨어진 라말라에 있었다. 그 순간 갑자기 나의 눈이 더 열리기 시작했다. 왜 아라파트가 자기 백성의 중심지인 가자에 있지 않은지를 분별하기 시작했다.

솔로몬이 죄를 지은 후 그의 왕국은 분열되었다. 북이스라엘과 함께 반역한 여로보암은 벧엘에 바알을 위한 제단을 쌓고 금송아지를 세웠다(왕상 12:25~13:10). 호세아와 아모스는 이것을 이스라엘에서 가장 심각한 우상 숭배라고 말했다(호 4:15; 5:8; 10:8; 암 4:4; 5:5). 오늘날 아라파트와 이슬람은 라말라(벧엘)에서 바알의 제단을 다시 세우려 하고 있다. 팔레스타인 자치정부는 심지어 우표에 바알 그림을 새겨 넣기까지 했다!

그러므로 지금 이 시대에 다니엘 9장 4절-5절처럼 유대인과 아랍인 양쪽 모두의 죄에 대한 동일시적 회개가 반드시 있어야 한다. 다니엘은 "우리는 이미 범죄하여 패역하며 행악하며 반역하여 주의 법도와 규례를 떠났사오며"라고 기도했다.

이스라엘은 벧엘에서의 바알 숭배를 버리고 회개해야 하며, 팔레스타인 아랍계 그리스도인들도 마찬가지로 회개해야 한다. 그래야만 이스라엘 땅과 유대인, 아랍인이 회복되고 연합할 수 있다고 믿는다. 벧엘 인근 마을인 타이베(Tayibe)에서는 일부 아랍계 그리스도인들은 이스라엘의 하나님이 유대인 메시아를 통해 땅과 백성을 온전히 회복하실 것이라고 믿고 있다.

지난 12년 동안 우리는 세겜, 벧엘, 헤브론, 예루살렘 이 네 곳을 찾아가 제단을 쌓고, 하나님의 언약과 하나님의 언약 백성들과 함께 서 왔다. 2002년 유월절 이후로 나의 눈이 더 열리게 되었고, 아브라함과 이삭, 야곱(이름이 이스라엘로 바뀐)이 제단을 쌓았던 장소들의 더 큰 의미를 깨닫기 시작했다. 동시에 이스라엘의 원수들이 무엇을 하려는지를 분별하게 되었다. 그들의 목표는 이스라엘 집의 파괴하고 기둥을 무너뜨리며, 하나님께서 그분의 백성과 언약을 맺으신 바로 그곳에서 유대인들이 그들의 하나님과의 언약을 깨뜨리게 하려고 시도하고 있는 것이다.

테러리스트들과 하나님의 언약을 이해하지 못하는 모든 자들은, 하나님께서 유대인에게 약속하신 이 땅(그들이 정착지라고 부르는 곳)에서 유대인들을 몰아내려 하고 있다. 이스라엘에서의 테러리즘이란 바로 그것으로, 하나님의 언약 백성을 뿌리째 뽑아내고 하나님이 자신의 백성과 언약을 맺으신 그 장소들에 이슬람의 기초를 놓으려는 것이다.

모든 대체신학과 이데올로기는 이스라엘의 언약의 하나님과 아브라함의 언약에 대한 반역에서 비롯된 것이다. 그들은 하나님께서 이삭과 야곱(이스라엘)을 의롭게 택하신 것을 부인하고, 하나님이 이삭 대신 이스마엘이나 다른 대체자를 택하셨다고 말하는, 평화의 원수들이다. 이는 그들이 이스라엘의 언약의 하나님이 아닌 다른 신, 즉 달신을 숭배하기 때문이다. 그들은 전 세계, 특히 이스라엘의 중심부가 다른 신에게 복종해야 한다고 주장한다. 이것은 단순히 팔레스타인 사람들의 거주권이나, 남아프리카 사람들이 살 땅을 보장해야 하는 인권 문제가 아니다! 지금 이스라엘에서 우리가 직면하고 있는 것은 주 예수 그리스도의 왕국에 대적하는 어둠의 왕국과 관련된 것이다. **우리는 언약을 다루고 있는 것이다.** 열방의 사람들은 우리가 이스라엘의 하나님과 그분의 땅, 그리고 그분의 백성과 맺으신 언약을 다루고 있다는 것을 이해해야 한다.

아랍인을 축복하시는 이스라엘의 하나님
화해를 향한 성경적 로드맵

나는 아랍 사람들을 사랑한다. 내가 살고 있는 예루살렘과 중동 전역에서 많은 아랍인과 매우 가까운 우정을 나누고 있으며, 그들을 친구로 소중히 여기고 있다. 그리고 그들은 하나님의 언약과 하나님의 언약 백성과 연대하며 서 있다. 유대인들뿐 아니라, 아랍인들도 아브라함의 혈통적 자손이다. 이스마엘은 아브라함과 함께 할례를 받았고, 하나님께서는 그에게 많은 복을 약속하셨다.

아브라함이 이에 하나님께 아뢰되
"부디 이스마엘이 여호와의 복을 받으며 살게 하소서!"

온전히 복을 받기 위해서는, 이스마엘은 땅과 구원에 관한 하나님의 아브라함 언약, 곧 야곱(이스라엘)과 맺으신 언약과 올바른 관계를 맺어야 한다. 이스마엘이 언약을 거부하지 않고 받아들인다면, 그 역시 야곱(이스라엘)과의 언약 안에 포함된다는 표징이 바로 그 복이다.

> 아브라함이 이에 하나님께 아뢰되
> 이스마엘이나 하나님 앞에 살기를 원하나이다
> 이스마엘에 대하여는 내가 네 말을 들었나니
> 내가 그에게 복을 주어 그를 매우 크게 생육하고 번성하게 할지라
> 그가 열두 두령을 낳으리니 내가 그를 큰 나라가 되게 하려니와
> 내 언약은 내가 내년 이 시기에 사라가 네게 낳을 이삭과 세우리라
>
> (창 17:18, 20-21)

대부분의 아랍인은 아직 그들의 복의 충만함에 들어오지 못했다. 이스라엘의 하나님은 언약을 지키시는 하나님이시다. 그분은 이스마엘과도 언약을 맺으셔서 그에게 복을 주시겠다고 하셨다. 그러나 하나님의 언약은 '구속의 씨'를 기준으로 한다. 하나님의 언약은 이 땅이 야곱의 후손, 곧 이스라엘을 통해 대대로 이어져 내려가도록 정해져 있다. 이스라엘의 하나님께서 아랍 민족을 온전히 축복하시는 유일한 길은, 그들이 하나님께서 이스라엘과 맺으신 언약을 인정하고, 야곱-이스라엘을 통해 자신들에게 임하는 하나님의 충만한 복을 인정하며, 이스라엘을 축복하기로 선택할 때이다. 그때에야 그들은 온전히 복을 받게 될 것이다.

오늘날 나는 아랍인들이 이스라엘을 축복하기 시작하고, 이스라엘을

향한 하나님의 목적에 동참하기 시작하는 것을 보고 있다. 하나님께서 그들을 축복하고 계신다. 누구든지 이스라엘을 축복하는 자는 복을 받을 것이다. 하나님께서는 유대인들만 홀로 축복을 받게 하시는 것이 아니라, 그들과 아랍인들을 함께 축복의 통로로 만드실 것이다. 어떤 사람들은 모든 아랍인은 지옥에나 가야 하고, 하나님은 유대인만 축복하실 것이라고 말한다. 하지만 그렇지 않다! 하나님께서는 이집트와 이스라엘과 앗시리아를 함께 모으시고, 그들을 함께 축복하실 것이다. 그들이 함께 하나님을 예배하며, 함께 땅의 중심에서 복이 될 것이다.

> 그 날에 애굽에서 앗수르로 통하는 대로가 있어
> 앗수르 사람은 애굽으로 가겠고 애굽 사람은 앗수르로 갈 것이며
> 애굽 사람이 앗수르 사람과 함께 경배하리라
> 그 날에 이스라엘이 애굽 및 앗수르와 더불어 셋이
> 세계 중에 복이 되리니 이는 만군의 여호와께서 복 주시며 이르시되
> 내 백성 애굽이여 내 손으로 지은 앗수르여
> 나의 기업 이스라엘이여, 복이 있을지어다 하실 것임이라 (사 19:23-25)

전 세계에서 '점령 지구'와 관련된 보고들이 나오고 있다. 이 보고들에는 사람들이 '서안 지구(West Bank)'라고 부르는 지역과 팔레스타인 국가 수립 제안이 포함된다.

아브라함이 제단을 쌓은 네 곳은 바로 이 지역들의 중심부, 곧 이스라엘의 한가운데에 있다.

이스라엘의 하나님과 그분의 언약을 믿지 않는 사람들이 이슬람 팔레스타인 국가가 되어야 한다고 주장하는 그 땅의 중심부…
곧 이슬람이 '점령지(Occupied Territory)'라고 부르는 땅의 중심부…
바로 그 땅의 중심부를 성경에서는 '유대'와 '사마리아'라고 부른다.

어떤 사람들은 모든 아랍인을 그 지역에서 내쫓고, 오직 유대인들만 살아야 한다고 생각한다. 그러나 내가 믿기로 하나님께서 원하시는 것은 성경을 믿는 아랍 그리스도인들과 열방의 그리스도인들이 이 지역에 서 있는 유대인들과 함께 서서, 그들의 팔을 들어 올려 주고 지지하며, 하나님의 언약을 위해 함께 서는 것이다.

우리는 무엇보다도 먼저 현실적으로 그들의 필요를 채워주는 지원을 해야 한다. 왜냐하면 성경은 '먼저는 육에 속한 자요 그 다음은 영에 속한 자니라'(고전 15:46)라고 말하기 때문이다. 또한 우리는 하나님께서 그분의 백성, 곧 유대인들에게 성령을 부어 주셔서 그들이 이스라엘의 하나님을 인식하도록 기도해야 한다. 우리는 그분의 백성과 그들과 맺으신 언약에 연대하여 서야 한다. 그래야 그들이 그들의 땅에서 쫓겨나지 않고, 그곳에 거하며 하나님을 예배할 수 있다. 하나님은 에스겔 36장에서 '유대와 사마리아의 산들을 나의 백성으로 가득 채우시겠다'고 말씀하셨다.

그러므로 아랍인들이 그 지역에서 쫓겨나기를 기도해서는 안 된다. 하나님은 아랍인들이 그곳에 머물며 하나님의 언약을 인식하고 그 언약 안으로 들어와, 유대인들과 화해하여 이 땅 위에 복이 되기를 원하시며, 함께 예배하기를 원하신다. 다만 그들이 이를 원하지 않는다면 떠나야 할 수도 있다. 하나님께서 이 모든 일을 이집트와 이스라엘, 앗시리아에서부터 온 중동 전역에서 행하시겠다고 말씀하셨다면, 그것은 무엇보다도 먼저 하나님께서 아브라함과 언약을 맺으신 바로 그 땅에서 이루어져야 한다.

하나님께서는 이곳에서 유대인들만이 아니라, 모든 민족을 축복하시겠다고 말씀하셨다. 벧엘은 하나님께서 아브라함에게 "네 자손이 복을 받을 것"이라고 말씀하신 곳이다. 그리스도인들은 메시아를 통해 약속 안으로 들어오는, 믿음으로 말미암은 아브라함의 자손들이다. 하나님은 같은 말씀을 아랍인들에게도 하셨다. 하나님께서는 벧엘에서부터 그들을 축복하시기를 원하신다고 말씀하셨다.

튀니지 출신으로 지금은 이스라엘의 하나님을 믿게 된 모크타르 Mokhtar는 과거 유대인에 대한 증오를 회개하고 벧엘 회당에서 유대인들을 축복했다. 그는 이렇게 말했다. "내가 토라를 읽으며 거듭났을 때, 토라와 유대인, 그리고 이스라엘에 대한 잘못된 태도를 회개하게 되었습니다." 그는 또한 속죄일(욤 키푸르)에 교회가 대체신학, 곧 육적 이스라엘을 완전히 영적 기독교 교회로 대체해 성경을 해석하는 방식을 회개하고 정결케 되어야 함을 깨달았다.

아랍 민족 위에 덮여 있는 눈가리개가 벗겨져서, 이 책과 성경에 언급된 대로 그들이 믿음으로 아브라함의 약속 안에 들어가야 한다. 우리는 하나님께서 그들의 눈을 열어 주시고, 그들이 아브라함과 이삭, 야곱을 통해 이스라엘과 맺으신 언약 안으로 들어오도록 기도해야 한다. 나는 이것을 믿는다. 세상 기준으로는 터무니없고 불가능해 보이며, 세상에서 가장 말도 안 되는 일처럼 보일지라도, 이스라엘의 하나님과 함께라면 모든 것이 가능하다는 확신이 있다. 이 일은 반드시 성취될 것이다. 왜냐하면 성경이 그렇게 말씀하고 있기 때문이다.

나는 이사야 19장의 성취와 유대인과 아랍인의 화해의 기초에는, 이집트와 이스라엘과 앗시리아가 함께 예배하며 땅 위에 복이 되는 일이 있다고 믿는다. 그것은 바로 하나님께서 언약을 세우신 기초의 장소들에서 이루어져야 한다.

이스라엘의 중심부에서 하나님의 언약 회복이 일어나지 않는다면, 어떻게 그 복이 이집트와 이스라엘, 앗시리아와 온 땅에 흘러갈 수 있을까? 기초가 무너지면 의인들이 어떻게 설 수 있을까? 만일 하나님의 언약된 장소들의 기초와 이스라엘의 기둥들이 무너진다면, 우리가 어떻게 이사야 19장의 성취를 볼 수 있겠는가? 만일 이스라엘의 집의 기초와 기둥을 무너뜨리고, 이스라엘 하나님의 언약을 무시한다면, 어떻게 이스라엘이 서서 메시아 안에서 온전한 회복과 운명에 이를 수 있겠는가?

하나님께서 마지막에 이곳들에서 역사하시기를 원하시는 것은 결코 우연이 아니다. 이 회복의 시대에, 하나님은 땅 끝에서부터 시작하여 관문들을 지나 다시 중동으로, 다시 이스라엘로, 유대와 사마리아를 거쳐 예루살렘으로 들어오고 계신다. 우리는 땅 끝에서부터 하나님의 언약이 맺어진 원래의 장소들로 되돌아가는 회복의 여정을 걷고 있는 것이다.

오늘날 우리가 언약의 장소들에 가서 이스라엘의 하나님께 아브라함의 혈통적인 자손들을 온전히 축복해 달라고 기도할 때, 우리는 단지 유대인들만을 위해 기도하는 것이 아니라 아랍인들을 위해서도 기도한다. 우리는 아브라함의 자녀들인 모든 이들, 곧 혈통적 자손들과 믿음으로 된 영적 자손들의 믿음의 뿌리가 회복되기를 기도한다. 하나님은 기적을 행하시는 하나님이시다.

2003년 유월절에 그리스도인 25명과 함께 우리는 다시 벧엘로 초청받았다. 이번에는 이스라엘 전 관광부 장관인 랍비 베니 엘론Rabbi Benny Elon이 우리를 초대했는데, 그는 우리 그룹과 대화하며 성경을 믿는 그리스도인들을 이스라엘의 가장 좋은 친구로 인정한다고 말했다.

우리는 벧엘 유대인 공동체가 이스라엘의 일부로 계속 남아 있을 수 있도록 함께 기도하며 그들과 연합했다. 앞으로 몇 년 안에 우리는 '돌파의 하나님'께서 많은 돌파들을 일으키시는 것을 보게 되리라고 믿는다. 많은 어려움과 도전이 있을 수 있지만, 이스라엘의 하나님은 회복의 하나님이시다. 아멘!

내가 올 때까지 차지하라: 이사야 19장의 성취

사람들은 온갖 일들이 일어나고 있다고 말한다. 성경의 예언들이 언제 성취될지 알 수 없지만, 성경은 우리가 '그분이 다시 오실 때까지 차지하고 있으라'고 말한다. 우리는 이스라엘의 언약의 하나님께서 이사야 19장에서 말씀하신 나일강에서 유프라테스강에 이르는 땅과 백성과 맺으신 언약의 약속들을 성취하실 것을 알고 있다.

나는 그 충만함을 믿는다. 이사야 19장이 언제 성취될지 우리는 알 수 없지만, 반드시 성취될 것은 확신한다. 어떤 사람들은 그것이 나중에 성취될 것이라고 말한다. 그 성취의 시기를 알 수 없지만, 우리 시대에 하나님께서 이루시려는 모든 것을 온전히 이루실 것을 믿고, 끝까지 믿음으로 나아가자.

그리스도인 공동체는 메시아께서 다시 오실 때까지 맡겨진 사명을 감당하도록 부르심을 받았다. 나는 "이건 너무 어렵다"라고 말하며 포기하고, 작은 기도방이나 동굴, 혹은 해변 어딘가에 앉아 있으면서, 정작 메시아가 오시기 전에 이사야 19장이 성취되고 있는 그 과정에는 전혀 참여하지 못한다면 내 자신이 정말 싫을 것이다.

그분이 언제 오실지에 대해 최종적으로 말할 수 있는 사람은 아무도 없다. 그러나 주님은 "내가 올 때까지 차지하라"고 말씀하신다. 우리가 살아 있는 동안은, 우리는 우리 시대에 성취될 수 있는 그분의 말씀의 충만함을 믿고자 한다. 메시아께서 오시기 전에 성취될 것은 반드시 성취될 것이며, 그분이 오시면 모든 것이 완전히 성취될 것을 믿는다.

이 일은 이미 시작되었다. 오늘날, 모든 아랍 국가에 믿는 자들이 있다. 우리가 첫 번째 컨보케이션에서 10년 전에 기도하기 시작했을 때는 네 개의 아랍 국가에는 믿는 사람이 전혀 없었다. 그러나 최근 키프로스에서 모였을 때에는 모든 아랍 국가에서 온 믿는 사람들이 대표가 되어 이스라엘의 언약의 하나님을 예배했다. 이제 모든 아랍 국가에 최소한 소그룹들이 있다고 말할 수 있다. 이는 첫 열매가 이미 맺힌 것이다!

그 첫 열매가 나타났다는 것은 충만함이 오고 있다는 표징이다. 나는 메시아께서 오시기 전에 많은 것이 성취될 것을 하나님 안에서 믿는다. 하나님은 충만의 하나님이시다. 그러므로 그분은 우리가 뒤로 물러서지 않고, 오히려 앞으로 나아가 하나님을 믿되, 이집트와 이스라엘과 앗시리아가 하나님을 예배하며 땅의 중심에서 복이 되는 구원의 충만함을 믿기를 원하신다.

2000년 9월 29일, 이스라엘에서 인티파다가 시작되었을 때, 많은 이들이 예루살렘 열방 성회(All Nations Convocation Jerusalem)에 참석하여 그 상황을 위해 기도하고 있었다. 그 기도가 변화를 만들었고, 오늘도 여전히 영향을 주고 있다. 나는 이 시대에 원수가 의도한 많은 일들이 기도로 인해 막아질 것이라고 믿는다. 우리는 계속해서 틈을 메우며 서 있어야 하며, 충만함을 위해 하나님을 믿어야 한다. 뒤로 물러서지 말고, 전진해야 한다. 하나님께서 "내가 올 때까지 차지하라"고 말씀하셨다. 창세기 35장 9절-10절에는 이렇게 기록되어 있다.

> 야곱이 밧단아람에서 돌아오매
> 하나님이 다시 야곱에게 나타나사 그에게 복을 주시고
> 하나님이 그에게 이르시되
> 네 이름이 야곱이지마는 네 이름을 다시는 야곱이라 부르지 않겠고

> 이스라엘이 네 이름이 되리라 하시고
> 그가 그의 이름을 이스라엘이라 부르시고

야곱은 이스라엘의 하나님과의 신성한 만남을 경험했고, 그는 '하늘의 문'인 벧엘에서 하늘과 연결되었다. 이는 아브라함이 멜기세덱과 만났던 경험과도 비슷했으며, 그의 삶은 그 이후로 결코 같지 않았다. 그는 천사가 사닥다리를 오르락내리락하는 것을 보았다. 내가 믿기로 그가 벧엘에서 땅을 사지 않은 이유는, 그가 이스라엘의 하나님과의 만남을 통해 하늘에 계신 하나님과 온 이스라엘이 언약을 맺었기 때문이다. 이 언약은 야곱과 아브라함과 다윗이 세겜과 헤브론과 예루살렘에서 땅을 사는 길을 열어 주었으며, 이는 이스라엘의 집을 위한 기둥이 되었다.

벧엘에서 야곱은 이스라엘이라는 이름을 받았다. 이는 온 이스라엘 집의 기둥이요, 하나님의 집의 기초이니, 곧 '만민의 기도하는 집'이라 불리우는 곳이다. 그러나 오늘날 이스라엘의 원수들과 이스라엘의 하나님과 그분의 언약을 믿지 않는 많은 유대인조차 모든 유대인이 언약의 장소인 세겜, 벧엘, 헤브론, 예루살렘에서 떠나야 한다고 말한다. 이것은 오늘날 세계의 여러 나라들이 요구하는 바이며, 무슬림들이 주장하는 것이다. 심지어 일부 정통 유대인들과 명목상 그리스도인들 가운데서도 이 책에 기록된 성경 말씀을 이해하지 못하는 이들이 똑같이 그렇게 요구한다. 그들은 이스라엘의 하나님께서 유대인과 맺으신 언약의 장소에서 유대인들이 떠나야만 평화가 있을 것이라고 말한다.

이러한 관점에서, 나는 오슬로 평화 협정과 로드맵이 거짓된 평화 협정이라고 믿는다. 그들은 평화에 이르는 유일한 길이, 유대 백성을 언약의 장소들에서 제거하고 이스라엘의 언약의 하나님을 대적하는 원수들이 그 기초들을 차지하도록 하는 것이라고 말했다. 그러나 평강의 왕(사 9:6)을 통하지 않고는 진정한 샬롬/살람은 결코 이루어질 수 없다.

선지자 이사야는 첫 번째 오슬로 협정, 곧 원칙 선언(Declaration of Principles)을 예언적으로 보여주고 있다. 그 협정은 1993년 9월 13일(히브리력 엘룰월 27일) 백악관 정원에서 체결되었다. 그 협정이 체결된 다음 날, 즉 9월 14일(히브리력 엘룰월 28일)의 관점에서 보면, 우리는 이사야 28장 말씀을 주목해 볼 수 있다.

> 이러므로 예루살렘에서 이 백성을 다스리는 너희 오만한 자여
> 여호와의 말씀을 들을지어다
> 너희가 말하기를 우리는 사망과 언약하였고 스올과 맹약하였은즉
> 넘치는 재앙이 밀려올지라도 우리에게 미치지 못하리니
> 우리는 거짓을 우리의 피난처로 삼았고
> 허위 아래에 우리를 숨겼음이라 하는도다
> 그러므로 주 여호와께서 이같이 이르시되
> 보라 내가 한 돌을 시온에 두어 기초를 삼았노니 곧 시험한 돌이요
> 견고한 기촛돌이라 그것을 믿는 이는 다급하게 되지 아니하리로다
> 너희가 사망과 더불어 세운 언약이 폐하며
> 스올과 더불어 맺은 맹약이 서지 못하여 넘치는 재앙이 밀려올 때에
> 너희가 그것에게 밟힘을 당할 것이라(사 28:14-16, 18)

메시아께서 오시기 전, 이스라엘에 진정한 샬롬/살람이 임하는 유일한 길은, 이 땅에 있는 유대인과 아랍인 모두가 이스라엘의 하나님과 성경을 인정하고 신뢰하며, 그 안에서 서로 화해하는 것이다. 아랍인들은 하나님께서 이스라엘 땅과 유대 백성과 언약을 맺으셨음을 인정하고 받아들여야 한다.

유대인들은 하나님께서 이스라엘 땅과 유대 백성과 맺으신 언약만이 아니라, 이 땅에 거하는 이방인들, 즉 이스라엘의 하나님을 신뢰하며, 그들과 평화롭게 살기를 원하고, 대체신학과 이념의 거짓을 거부하는 아랍인들을 본토인 이스라엘 사람처럼 대우해야 한다고 말씀하셨음을 인정해야 한다. 유대인들은 이방인을 자기 살과 피처럼 여기며, 그들이 이 땅에 거주하도록 허락해야 한다.

이것은 에스겔 47장 21절-23절에 기록된 말씀과 같다.

> 그런즉 너희가 이스라엘 모든 지파대로 이 땅을 나누어 차지하라
> 너희는 이 땅을 나누되 제비 뽑아
> 너희와 너희 가운데에 머물러 사는 타국인
> 곧 너희 가운데에서 자녀를 낳은 자의 기업이 되게 할지니
> 너희는 그 타국인을 본토에서 난 이스라엘 족속 같이 여기고
> 그들도 이스라엘 지파 중에서 너희와 함께 기업을 얻게 하되
> 타국인이 머물러 사는 그 지파에서 그 기업을 줄지니라
> 주 여호와의 말씀이니라

제6장

헤브론 언약의 약속 제단

아브라함은 벧엘을 떠나 마므레의 상수리나무 근처, 헤브론으로 갔고 그곳에서 세 번째 제단을 쌓았다.

> 롯이 아브람을 떠난 후에 여호와께서 아브람에게 이르시되
> 너는 눈을 들어 너 있는 곳에서 북쪽과 남쪽 그리고 동쪽과 서쪽을 바라보라
> 보이는 땅을 내가 너와 네 자손에게 주리니 영원히 이르리라
> 내가 네 자손이 땅의 티끌 같게 하리니
> 사람이 땅의 티끌을 능히 셀 수 있을진대 네 자손도 세리라
> 너는 일어나 그 땅을 종과 횡으로 두루 다녀 보라
> 내가 그것을 네게 주리라
>
> 이에 아브람이 장막을 옮겨 헤브론에 있는
> 마므레 상수리 수풀에 이르러 거주하며
> 거기서 여호와를 위하여 제단을 쌓았더라(창 13:14-18)

헤브론에서 아브라함은 아내와 자손들을 위한 매장지로 삼기 위해 막벨라에 있는 밭과 동굴과 밭에 있는 모든 나무들을 사서 소유하였다. 이 땅은 모든 헷 사람들 앞에서 합법적인 소유와 유산이 되었다. 헷 사람들의 왕은 밭 전체와 거기에 있는 모든 나무 전체를 구입해야만 세금을 부과할 수 있었다.

> 마므레 앞 막벨라에 있는 에브론의 밭
> 곧 그 밭과 거기에 속한 굴과 그 밭과 그 주위에 둘린 모든 나무가
> 성 문에 들어온 모든 헷 족속이 보는 데서 아브라함의 소유로 확정된지라
> 그 후에 아브라함이 그 아내 사라를 가나안 땅 마므레 앞
> 막벨라 밭 굴에 장사하였더라 (마므레는 곧 헤브론이라)
> 이와 같이 그 밭과 거기에 속한 굴이 헷 족속으로부터
> 아브라함이 매장할 소유지로 확정되었더라 (창 23:17-20)

아브라함이 세 번째 제단을 쌓은 곳, 헤브론은 매우 중요한 도시이다. 이곳은 '아버지 됨'을 나타내며, '우정'을 의미한다. 헤브론은 조상들의 고향으로, 아브라함, 이삭, 야곱이 살았고 묻힌 곳이다. 유대 전승에 따르면, 아담과 하와도 또한 헤브론에 묻혔다고 전한다.

여호와께서 이사야에게 하신 말씀에 이르기를

> 의를 따르며 여호와를 찾아 구하는 너희는 내게 들을지어다
> 너희를 떠낸 반석과 너희를 파낸 우묵한 구덩이를 생각하여 보라
> 너희의 조상 아브라함과 너희를 낳은 사라를 생각하여 보라

> 아브라함이 혼자 있을 때에 내가 그를 부르고
> 그에게 복을 주어 창성하게 하였느니라
> 나 여호와가 시온의 모든 황폐한 곳들을 위로하여
> 그 사막을 에덴 같게 그 광야를 여호와의 동산 같게 하였나니
> 그 가운데에 기뻐함과 즐거워함과 감사함과 창화하는 소리가 있으리라
> (사 51:1-3)

헤브론은 하나님께서 아브라함과 그의 자손들과 맺으신 언약이 구체화된 장소이다. 아브라함이 땅을 산 것도 이곳 헤브론이었으며, 또한 하나님께서 아브라함과 사라의 장막을 방문하시어 이삭의 출생을 선포하시면서 아브라함과 친밀한 우정을 나타내신 곳도 바로 헤브론이었다.

> 여호와께서 마므레의 상수리나무들이 있는 곳에서
> 아브라함에게 나타나시니라
> 날이 뜨거울 때에 그가 장막 문에 앉아 있다가 눈을 들어 본즉
> 셋이 맞은편에서 있는지라 그가 그들을 보자
> 곧 장막 문에서 달려나가 영접하며 몸을 땅에 굽혀(창 18:1-2)

헤브론에서 이삭과 이스마엘은 그들의 아버지 아브라함을 장사하기 위해 다시 만났다. 아브라함 언약의 약속으로 인해 그의 씨, 곧 이삭과 이스마엘의 아들들이 다시 만나 땅에서 복이 되기 위해 화해하기 시작했다.

이사야는 말한다. "너희의 조상 아브라함을 바라보라."

유대의 도피성이었던 헤브론은 갈렙의 신실함과 선한 보고로 인해 그의 기업으로 받게 되었다.

바란 광야 가데스에 이르러
모세와 아론과 이스라엘 자손의 온 회중에게 나아와
그들에게 보고하고 그 땅의 과일을 보이고

갈렙이 모세 앞에서 백성을 조용하게 하고 이르되
우리가 곧 올라가서 그 땅을 취하자 능히 이기리라 하나
그와 함께 올라갔던 사람들은 이르되 우리는 능히 올라가서
그 백성을 치지 못하리라 그들은 우리보다 강하니라 하고
이스라엘 자손 앞에서 그 정탐한 땅을 악평하여 이르되
우리가 두루 다니며 정탐한 땅은 그 거주민을 삼키는 땅이요
거기서 본 모든 백성은 신장이 장대한 자들이며

이스라엘 자손의 온 회중에게 말하여 이르되
우리가 두루 다니며 정탐한 땅은 심히 아름다운 땅이라
여호와께서 우리를 기뻐하시면 우리를 그 땅으로 인도하여 들이시고
그 땅을 우리에게 주시리라 이는 과연 젖과 꿀이 흐르는 땅이니라
다만 여호와를 거역하지는 말라 또 그 땅 백성을 두려워하지 말라
그들은 우리의 먹이라 그들의 보호자는 그들에게서 떠났고
여호와는 우리와 함께 하시느니라 그들을 두려워하지 말라 하나

(민 13:26, 30-32; 14:7-9)

아브라함, 이삭, 야곱, 갈렙과 같이 다윗도 하나님과 친밀한 교제 안에서 행했다. 헤브론은 다윗이 유다의 왕으로, 이후 통일 이스라엘의 왕으로 기름부음 받은 도시이다. 그는 예루살렘에서 33년간 통치하기 전에, 헤브론에서 7년 동안 왕으로 통치했다. 다윗 통치의 전반부가 헤브론에서 시작된 것은, 그 도시가 '아버지 됨'과 '우정'을 상징하는 중요한 장소였기 때문이다.

그리고 나서 하나님께서 그를 예루살렘으로 이끄셨다. 아브라함은 세 번째 제단을 헤브론에, 네 번째 제단을 예루살렘에 쌓음으로써, 다윗이 헤브론과 예루살렘에서 왕으로 통치할 길을 미리 예비해 두신 것이다.

노엘 만Noel Mann은 호주에서 사역하는 우리의 게이트웨이(Gateway) 코디네이터 중 한 사람이다. 그가 섬기는 공동체 모임은 '헤브론'으로 불렸으나, 현재는 '시온(예루살렘)'으로 불린다. 이름의 변화에서 우리는 세 번째 제단이 헤브론에서 예루살렘으로 이어지는 네 번째 제단으로의 변화를 볼 수 있다.

지난 수십 년 동안, 헤브론에서는 유대인과 무슬림 간의 많은 적대행위가 있었다. 1929년, 무프티Mufti의 선동으로 발생한 폭동 기간 동안 헤브론에 거주하던 유대인의 대부분이 학살당했다. 1929년 학살의 생존자들은 간신히 돌아왔지만, 1936년 다시 폭동이 발생하자 남아 있던 유대인은 모두 헤브론에서 쫓겨났다. 1967년까지 헤브론에는 유대인이 단 한 명도 거주하지 않았다. 바로 이곳은 아브라함이 제단을 쌓고 법적으로 땅을 구입한 장소였다.

헤브론에서는 한 정통 유대인이 아브라함의 무덤(족장들의 무덤)에서 아랍인 예배자들을 총으로 살해한 사건이 있었는데, 이는 유대인들에게 큰 수치로 남아 있다. 오늘날에도 헤브론에서는 유대인과 아랍인이 서로 죽이고 죽임당하는 사건들이 주간 보도에 오르내리고 있으며, 그 중에는 2002년 11월, 헤브론에서 이스라엘 군인 12명이 매복 공격으로 살해된 사건도 포함된다.

게리 쿠퍼버그Gary Cooperberg는 미국에서 헤브론의 기럇 아르바(Kiryat Arba)로 알리야한 유대인 지도자다. 그는 미국 전역을 돌며 다른 유대인들에게 조상들의 땅인 이스라엘로 알리야를 하도록 권면하고 있다. 그는 성경을 믿는 미국 그리스도인들로부터 우정과 지지를 받고 있으며, 이들은 그를 위해 플로리다의 한 교회 안에 그의 사무실을 마련해 주고 그를 돕고 있다. 최근에는 헤브론에 사는 일부 아랍인들 또한 오직 한 분 참 하나님, 곧 이스라엘의 하나님과 그분의 언약만을 신뢰하기 시작하고 있다.

에밀Emil은 이집트 목사로 1967년 6일 전쟁에서 이스라엘과 싸우던 중 많은 친구들이 전사했다. 그때 사막에서 큰 빛이 그에게 나타나 그를 황홀경에 이끌었고, 그곳에서 예수님을 뵈었다. 예수님은 그에게 말씀하셨다. "내가 너를 보호하고 이집트로 데려가서 내 백성 이집트와 온 세상에 내가 그들을 사랑한다는 것을 전하라."

몇년 후, 그는 욤 키푸르 전쟁 중 극심한 분노에 사로잡혔고, 이스라엘에 대한 깊은 증오가 마음속에 가득 차게 되었다. 결국 그는 더 이상 구약 성경을 설교하지 않기로 결심하고, 신약 성경만 전하기로 결심했다. 그러던 어느 날, '사랑'에 관한 설교를 준비하던 중 성령께서 그에게 말씀하셨다. "네가 어떻게 사랑을 설교하면서 이스라엘을 미워할 수 있느냐?"

에밀의 고백이다.

나는 주님께 삶 속에 자리 잡은 증오에 대해 고백했습니다. 그것이 얼마나 큰 부분이었는지, 그리고 얼마나 치열한 싸움이었는지를 말씀드렸습니다. 저는 무릎을 꿇고 주님께 저를 치유해 달라고 간절히 기도하기 시작했습니다. 그리고 이렇게 고백했습니다. "주님, 주님께서 저를 고치실 수 있다면, 제가 여기 있습니다." 그 순간, 차가운 물과 같은 파도가 제 머리 꼭대기에서부터 흘러내려 제 온 존재를 적셨습니다. 그것은 제 마음속으로 흘러들어와 제 증오를 씻어 주었습니다. 정말 큰 기쁨을 느꼈습니다! 치유받았습니다!

몇 달 후, 저는 이스라엘에서 열리는 성회에 초청을 받았습니다. 텔아비브 공항에 도착하자마자 눈물이 쏟아졌습니다. 저는 늘 밟아보고 싶었던 땅을 드디어 밟게 되었을 뿐만 아니라, 제 마음속에 자리했던 이스라엘에 대한 두려움과 좋지 않은 감정들과도 마주하게 되었기 때문입니다.

공항에는 이스라엘 지도자가 저를 마중 나와 있었습니다. 그는 제게 다가왔고, 우리는 서로 인사를 나누었습니다. **그는 저를 안아줬고, 저도 그를 안아줬을 때**, 마침내 내 안에 있던 증오는 완전히 사라졌습니다. 저는 예수님께서 저를 유대인들과 화해하게 하셨음을 알았습니다. 유대인과 이방인 사이의 담을, 그때도 그리고 지금도 허무신 주님을 찬양합니다!

저는 예루살렘을 사랑합니다. 무엇이 저를 그렇게 끌어당기는지 다 알 수는 없지만, 특히 예루살렘 성벽을 사랑합니다. 저는 예루살렘 성벽을 따라 걷고 성문들을 지나가는 것을 좋아합니다. 성문 안에서 사람들과 시간을 보내며 대화하는 것만으로도 큰 기쁨을 느낍니다. 제가 예루살렘에 갈 때마다 반드시 하는 일이 있습니다.

먼저 바위 돔(Dome of the Rock)에 가서 아랍 형제들과 함께 무릎 꿇고, 아랍 사람들을 속이고 있는 미혹의 영을 꾸짖습니다. 이어 성묘교회(Holy Sepulchre)에서 그리스도인들 가운데 자리 잡은 전통과 종교심의 영을 꾸짖습니다. 그리고 다윗의 무덤에 가서 유대인들을 위해 기도합니다. 저는 항상 이 세 곳을 찾아가서 하나님께 구원을 간구합니다. 저는 성령님을 믿습니다. 그리고 오직 성령을 통해서만 참된 자유가 온다는 것을 믿습니다.

2018년, 우리는 헤브론에서 하프를 연주하며 예배하고 기도하고 있었다. 그때 하나님께서 예배 중에 우리에게 강하게 기름 부어 주셨고, 유대인들이 다가와 함께 예배하며 춤추며, 유월절을 기념하며 이스라엘 노래를 불렀다. 우리는 언젠가 유대인과 아랍인이 함께 헤브론에서 예슈아를 예배하게 될 날을 고대한다. 바로 이곳이 이삭과 이스마엘이 아브라함을 장사한 곳이다.

제7장

모리아산 / 예루살렘 언약의 약속 제단

예루살렘은 창세기 14장에서 처음 언급되는데, 아브라함이 살렘 왕이자 지극히 높으신 하나님의 제사장인 멜기세덱을 만날 때이다.

> 살렘 왕 멜기세덱이 떡과 포도주를 가지고 나왔으니
> 그는 지극히 높으신 하나님의 제사장이었더라
> 그가 아브람에게 축복하여 이르되 천지의 주재이시요
> 지극히 높으신 하나님이여 아브람에게 복을 주옵소서
> 너희 대적을 네 손에 붙이신 지극히 높으신 하나님을 찬송할지로다 하매
> 아브람이 그 얻은 것에서 십분의 일을 멜기세덱에게 주었더라(창 14:18-20)

예루살렘이 두 번째로 언급되는 것은, 하나님께서 아브라함에게 아들 이삭을 모리아산, 곧 예루살렘으로 여겨지는 곳으로 데려가 제물로 바치라고 하실 때이다. 모리아산에 세워진 제단은 가장 중요한 제단인데, 이

는 희생 제물로 드려진 숫양이 유월절 어린 양을 예표하기 때문이다.

> 여호와께서 이르시되
> 네 아들 네 사랑하는 독자 이삭을 데리고 모리아 땅으로 가서
> 내가 네게 일러 준 한 산 거기서 그를 번제로 드리라
> 아브라함이 아침에 일찍이 일어나 나귀에 안장을 지우고
> 두 종과 그의 아들 이삭을 데리고 번제에 쓸 나무를 쪼개어 가지고 떠나
> 하나님이 자기에게 일러 주신 곳으로 가더니
> 제삼일에 아브라함이 눈을 들어 그 곳을 멀리 바라본지라
> 이에 아브라함이 종들에게 이르되
> 너희는 나귀와 함께 여기서 기다리라 내가 아이와 함께 저기 가서
> 예배하고 우리가 너희에게로 돌아오리라 하고(창 22:2-5)

아브라함은 백 세가 되어서야 얻은, 약속의 아들 이삭의 생명을 드리려 했다. 그것 자체가 기적이다. 그는 아들을 하나님께 예배로 드리고자 했고, 실제로 아들을 죽여야 한다고 생각했다. 그는 이렇게 말했다. "우리가 하나님께 예배하러 간다." 만약 하나님께서 당신에게도 자신의 생명과 아들의 생명을 바치라고 한다면, 할 수 있을까? 아브라함은 기꺼이 순종했다.

아브라함은 하나님의 언약에 그토록 헌신했기에, 비록 아들을 번제로 드린다 해도 하나님께서 다시 살리셔서 영원히 언약의 약속을 이루실 것임을 믿었다. 그의 아들 이삭은 기적으로 태어난 아들이었고, 하나님께서 한 번 기적을 행하셨다면 또 다른 기적도 행하실 수 있음을 그는 알았다.

참된 사랑의 예배란, 아들의 생명뿐 아니라 자신의 생명까지도 주님께 예배로 드릴 수 있는 헌신이다. 이야기는 이렇게 계속 이어진다.

> 아브라함이 이르되 내 아들아 번제할 어린 양은
> 하나님이 자기를 위하여 친히 준비하시리라 하고
> 두 사람이 함께 나아가서 하나님이 그에게 일러 주신 곳에 이른지라
> 이에 아브라함이 그 곳에 제단을 쌓고 나무를 벌여 놓고
> 그의 아들 이삭을 결박하여 제단 나무 위에 놓고
> 손을 내밀어 칼을 잡고 그 아들을 잡으려 하니
> 여호와의 사자가 하늘에서부터 그를 불러 이르시되
> "아브라함아 아브라함아" 하시는지라 아브라함이 이르되
> "내가 여기 있나이다" 하매 사자가 이르시되
> "그 아이에게 네 손을 대지 말라 그에게 아무 일도 하지 말라
> 네가 네 아들 네 독자까지도 내게 아끼지 아니하였으니
> 내가 이제야 네가 하나님을 경외하는 줄을 아노라"
> 아브라함이 눈을 들어 살펴본즉 한 숫양이 뒤에 있는데
> 뿔이 수풀에 걸려 있는지라
> 아브라함이 가서 그 숫양을 가져다가 아들을 대신하여 번제로 드렸더라
> 아브라함이 그 땅 이름을 여호와 이레라 하였으므로
> 오늘날까지 사람들이 이르기를 여호와의 산에서 준비되리라 하더라
>
> (창 22:8-14)

예루살렘 다윗의 언약 제단

아브라함만이 모리아산에 제단을 쌓은 것이 아니다. 다윗 왕 또한 그곳에 제단을 쌓았다. 다윗은 제단을 쌓았을 뿐만 아니라, 후에 성전과 제단이 세워진 그 땅을 여부스 사람 아라우나에게서 사들였다.

이에 여호와께서 그 아침부터 정하신 때까지 전염병을 이스라엘에게 내리시니
단에서부터 브엘세바까지 백성의 죽은 자가 칠만 명이라
천사가 예루살렘을 향하여 그의 손을 들어 멸하려 하더니
여호와께서 이 재앙 내리심을 뉘우치사
백성을 멸하는 천사에게 이르시되 족하다 이제는 네 손을 거두라 하시니
여호와의 사자가 여부스 사람 아라우나의 타작 마당 곁에 있는지라

다윗이 백성을 치는 천사를 보고 곧 여호와께 아뢰어 이르되
나는 범죄하였고 악을 행하였거니와 이 양 무리는 무엇을 행하였나이까
청하건대 주의 손으로 나와 내 아버지의 집을 치소서 하니라

이 날에 갓이 다윗에게 이르러 그에게 아뢰되
올라가서 여부스 사람 아라우나의 타작 마당에서
여호와를 위하여 제단을 쌓으소서 하매
다윗이 여호와께서 명령하신 바 갓의 말대로 올라가니라

아라우나가 바라보다가 왕과 그의 부하들이 자기를 향하여 건너옴을 보고

나가서 왕 앞에서 얼굴을 땅에 대고 절하며 이르되

어찌하여 내 주 왕께서 종에게 임하시나이까 하니

다윗이 이르되 네게서 타작 마당을 사서 여호와께 제단을 쌓아

백성에게 내리는 재앙을 그치게 하려 함이라 하는지라

아라우나가 다윗에게 아뢰되

원하건대 내 주 왕은 좋게 여기시는 대로 취하여 드리소서

번제에 대하여는 소가 있고

땔 나무에 대하여는 마당질 하는 도구와 소의 멍에가 있나이다

왕이여 아라우나가 이것을 다 왕께 드리나이다 하고 또 왕께 아뢰되

왕의 하나님 여호와께서 왕을 기쁘게 받으시기를 원하나이다(삼하 24:16-23)

그러나 다윗은 아라우나의 호의에도 불구하고 땅과 제물, 땔감을 거저 받지 않았다. 그는 은 오십 세겔을 주고 값을 지불하며 말하였다.

왕이 아라우나에게 이르되 그렇지 아니하다

내가 값을 주고 네게서 사리라

값 없이는 내 하나님 여호와께 번제를 드리지 아니하리라 하고

다윗이 은 오십 세겔로 타작 마당과 소를 사고

그 곳에서 여호와를 위하여 제단을 쌓고 번제와 화목제를 드렸더니

이에 여호와께서 그 땅을 위한 기도를 들으시매

이스라엘에게 내리는 재앙이 그쳤더라(삼하 24:24-25)

다윗이 이르되 이는 여호와 하나님의 성전이요

이는 이스라엘의 번제단이라 하였더라(대상 22:1)

솔로몬이 예루살렘 모리아산에 여호와의 전 건축하기를 시작하니

그 곳은 전에 여호와께서 그의 아버지 다윗에게 나타나신 곳이요

여부스 사람 오르난의 타작 마당에 다윗이 정한 곳이라(대하 3:1)

요르단 모압 출신의 아랍 지도자 아피프Afeef는 룻과 같은 모압 사람으로, 대체신학을 거부하고, 이스라엘의 하나님과 그 땅과 백성에 대한 언약을 받아들이고 있다. 그는 또한 다른 아랍인 믿는 자들을 훈련시켜 동일한 믿음을 가지도록 돕고 있다.

2002년 예루살렘 열방 성회(All Nations Convocation Jerusalem)에서, 한 아랍 지도자가 믿는 유대인 지도자에게 구시가지의 모형을 건네며 "나는 이 선물을 예언적 행위로 드립니다. 예루살렘은 당신의 것입니다."라고 말했다.

1967년 6월, 6일 전쟁 때 이스라엘과 예루살렘은 주변 아랍 국가들의 공격을 받았으나, 그 결과 유대인들은 다시금 예루살렘의 올드시티(Old City)를 되찾게 되었다.

유대인들은 메시아, 곧 다윗의 자손이 이사야 9장 7절의 말씀대로 다윗의 보좌를 이어받을 것이라 믿는다. 반면 그리스도인들은 메시아가 예루살렘의 모리아산, 성전산에서 드려진 궁극적인 희생 제물이 되셨다고 믿

는다.

에스겔 48장에서 읽을 수 있듯이 우리는 곧 주님께서 그곳에, 곧 여기 예루살렘 성전산에 임하실 것을 안다. 그분은 이곳에서 다스리실 것이다. 에스겔 43장은 이곳이 영원히 주님의 발바닥이 머무는 곳이 될 것이며, 하늘과 땅의 모든 것이 메시아 안에서 하나로 연합될 것을 선포하고 있다.

> 그가 내게 이르시되 인자야 이는 내 보좌의 처소 내 발을 두는 처소
> 내가 이스라엘 족속 가운데에 영원히 있을 곳이라
> 이스라엘 족속 곧 그들과 그들의 왕들이 음행하며 그 죽은 왕들의 시체로
> 다시는 내 거룩한 이름을 더럽히지 아니하리라(겔 43:7)

세겜, 벧엘, 헤브론, 예루살렘은 하나님께서 이스라엘과 언약을 맺으신 네 장소이다. 이 언약은 이스라엘 땅과, 메시아를 통한 이스라엘의 구원, 곧 다윗의 아들을 통한 구원과 관련되어 있다. 하나님은 또 아브라함의 씨가 땅의 티끌과 하늘의 별처럼 많아지리라는 언약도 이스라엘과 맺으셨다.

아브라함은 모든 민족이 이스라엘의 공동체에 접붙임 받는 것을 보며 열방의 구원이 임할 것을 보았다. 열방은 이스라엘 땅에 접붙임 받았으며, 하나님께서 아브라함과 맺으신 언약에 접붙임 받았다. 하나님을 찬양하라! 이제 우리는 이방인의 충만함이 들어오고, 이스라엘의 충만함도 하나의 올리브나무에 접붙여질 날이 다가오고 있음을 보고 있다.

아브라함의 혈통적 자녀들은 유대인과 아랍인이다. 이제 우리는 아브라함의 육적 씨가 또한 아브라함의 영적 자손이되는 것을 보게 될 것이다. 하나님은 유대 민족이 새 언약 안으로 접붙이기를 원하시는데, 그들은 육적 씨이기 때문이다(렘 31:31-34). 우리는 지금 회복의 날들을 살아가고 있다. 여러분이 열두 관문을 통해 이방인의 충만함을 위해 기도할 때, 이스라엘을 위해서도, 그리고 이사야 19장의 충만함을 위해서도 기도하라. 곧 이집트와 이스라엘과 앗시리아가 함께 하나님을 예배하며 땅 가운데 복이 되도록 기도하라.

예루살렘에서의 유대인과 아랍인의 화해

우리는 이스라엘 땅에서 유대인과 아랍 청년 450명이 함께 이스라엘의 언약의 하나님을 예배하는 모습을 보게 된 것에 대해 깊이 감사드린다. 이는 이 시대의 어려운 상황 한가운데서 하나님께서 행하시려는 일을 보여주는 예언적 표징이며, 수많은 어려움 속에서도 그들이 함께 모여 하나님을 예배할 수 있다는 것 자체가, 언약을 지키시는 하나님의 신실하심에 대한 분명한 증거다. 이 만남은 하나님의 계획 속에 나타난 첫 열매일 뿐이며, 나는 그 충만함을 믿고 기대한다.

케이트 헤스Kate Hess는 예루살렘 올리브산(Mount of Olives)에서 유대인과 아랍인을 위한 어린이 캠프, 여성 집회, 하프 스쿨을 인도해 왔다. 올리브산 끝자락에 위치한 마알레 아두밈(Ma'ale Adumim)은 인구 6

만 명의 유대인이 거주하는 도시로, 유대와 사마리아에서 가장 큰 유대인 도시이자 예루살렘 대도시권의 일부이다.

마알레 아두밈의 시장 베니 카쉬리엘Benny Kashriel은 나의 친구로서, 유대인과 이방인 간의 화해의 행위로서, 성경 속 선한 사마리아인의 이야기가 실제로 일어난 마알레 아두밈 근처 지역에 '선한 사마리아인 여관(Good Samaritan Inn)'을 세우기를 원한다. 여러분은 이 여관이 이스라엘 안에서 화해의 다리를 놓는 역할을 할 수 있도록 기도와 재정으로 동역할 수 있다.

2010년, 우리는 하프 사역을 시작하여 마알레 아두밈의 신 음악원(New Music Conservatory)에 하프를 기증했으며, 그 도시에서 히브리어로 하프 연주회를 열었다. 이 일로 그들은 큰 은혜를 받았다.

다음은 누가복음 10장 25절-37절에 나오는 선한 사마리아인 이야기이다.

어떤 율법교사가 일어나 예수를 시험하여 이르되
"선생님 내가 무엇을 하여야 영생을 얻으리이까"

예수께서 이르시되
"율법에 무엇이라 기록되었으며 네가 어떻게 읽느냐"

대답하여 이르되
"네 마음을 다하며 목숨을 다하며 힘을 다하며 뜻을 다하여

주 너의 하나님을 사랑하고

또한 네 이웃을 네 자신 같이 사랑하라 하였나이다"

예수께서 이르시되

"네 대답이 옳도다 이를 행하라 그러면 살리라" 하시니

그 사람이 자기를 옳게 보이려고 예수께 여짜오되

"그러면 내 이웃이 누구니이까"

예수께서 대답하여 이르시되

"어떤 사람이 예루살렘에서 여리고로 내려가다가 강도를 만나매

강도들이 그 옷을 벗기고 때려 거의 죽은 것을 버리고 갔더라

마침 한 제사장이 그 길로 내려가다가 그를 보고 피하여 지나가고

또 이와 같이 한 레위인도 그 곳에 이르러 그를 보고 피하여 지나가되

어떤 사마리아 사람은 여행하는 중 거기 이르러

그를 보고 불쌍히 여겨 가까이 가서 기름과 포도주를 그 상처에 붓고 싸매고

자기 짐승에 태워 주막으로 데리고 가서 돌보아 주니라

그 이튿날 그가 주막 주인에게 데나리온 둘을 내어 주며 이르되

이 사람을 돌보아 주라 비용이 더 들면 내가 돌아올 때에 갚으리라 하였으니

네 생각에는 이 세 사람 중에 누가 강도 만난 자의 이웃이 되겠느냐"

이르되

"자비를 베푼 자니이다"

예수께서 이르시되

"가서 너도 이와 같이 하라" 하시니라

우리는 지금 세겜, 벧엘, 헤브론, 예루살렘에서 기초적인 제단의 씨앗들이 다시 온전히 부활하고 회복될 수 있도록 심겨지는 것을 보고 있다. 우리는 아브라함의 맏아들의 눈을 가린 영적 눈멂이 제거되고, 저주가 끊어지며, 유대인들이 하나님의 언약을 받아들이고 아브라함을 통해 주어진 하나님의 충만한 복 안으로 들어가도록 기도해야 한다. 하나님께서는 반드시 그들이 그 복 안으로 들어갈 것이라고 선포하셨다. 이스라엘의 하나님은 영원히 언약을 지키시는 하나님이시다.

이스라엘의 중심지, 곧 유대와 사마리아의 중심에서 제단들이 다시 세워질 것이다. 그리고 예루살렘에서 하나님께서 이스라엘의 국가적·영적 기초를 회복하시도록 기도해야 한다. 이 언약은 단지 유대인만을 위한 것도, 아랍인만을 위한 것도 아니며, 육적·영적 차원뿐 아니라, 메시아 안에서 땅의 모든 민족들과도 맺어진 언약이다. 왜냐하면 이 언약은 아브라함이 제단을 쌓았을 때 그를 통해서, 또 그에게 주어진 것이기 때문이다. 만약 메시아께서 오시기 전에 예루살렘에 샬롬/살람의 소망이 있다면, 그것은 이 지역의 유대인과 아랍인들이 이스라엘의 하나님과 그분의 언약을 깨닫고 받아들이며, 함께 그분을 예배할 때에만 이루어질 것이다(사 19:23-25).

예루살렘, 이스라엘의 통일 수도

다윗 왕과 솔로몬 왕 시대, 그리고 그 이후 약 천 년 동안, 예루살렘은 예수님 시대에 이르기까지 이스라엘의 통일 수도였다. 역사적으로 예루살렘은 아랍인이나 팔레스타인 민족의 수도였던 적이 없고, 오직 유대 민족의 수도였다. 기원전 996년부터 기원전 587년까지, 기원전 513년부터 기원후 70년까지, 그리고 1967년부터 현재까지 예루살렘은 이스라엘의 수도였다. 총 1,032년 동안 예루살렘은 이스라엘의 수도로 존재해 왔다.

지난 200년 동안 예루살렘에 사는 사람들의 대다수는 무슬림이 아니라 유대인이었다. 1844년 예루살렘 최초의 공식 인구 조사에 따르면, 예루살렘에는 유대인 7,120명과 아랍인 5,768명이 살고 있었다. 1990년에는 유대인 35만 3천명, 아랍인 12만 4천명이 살고 있었다. 2003년에는 예루살렘 인구가 688,900명에 이르렀으며, 그중 약 30%인 206,670명이 아랍인이었다(2004, 이스라엘 통계청 자료). 2020년 기준으로 예루살렘에는 90만 명이 넘는 인구가 살고 있으며, 그중 약 60만 명이 유대인, 약 30만 명이 아랍인이다.

1967년 6일 전쟁 당시, 이스라엘 군이 주변 아랍 국가들의 공격을 막아내면서 올리브산을 지나 사자의 문(Lion's Gate)을 통해 예루살렘에 진입하여 예루살렘을 되찾았다. 이로써 예루살렘은 다시 이스라엘의 수도로 통일되었다. 예수님께서는 이미 이러한 일을 예언하셨다.

> 그들이 칼날에 죽임을 당하며 모든 이방에 사로잡혀 가겠고
> 예루살렘은 이방인의 때가 차기까지 이방인들에게 밟히리라(눅 21:24)

또한 마태복음 5장 35절에서 예수께서는 예루살렘을 "위대한 왕의 성"이라고 하셨다.

2010년부터 우리는 매년 예루살렘의 지도자들을 위한 아침 기도 모임을 올리브산에서 황금문(Golden Gate)을 바라보며 진행해 왔다. 또한 열방이 각자의 자리에서 하나 되어 기도에 동참하도록 요청하고 있다.

2018년 5월 14일, 도널드 트럼프 미국 대통령은 이스라엘 건국 70주년을 맞아 예루살렘을 이스라엘의 수도로 공식 인정하고, 주이스라엘 미국 대사관을 텔아비브에서 예루살렘으로 이전했다.

스가랴 12장 3절에는 모든 민족이 예루살렘을 치러 오겠지만, 예루살렘은 모든 민족에게 옮길 수 없는 돌이 될 것이며, 그것을 옮기려 하는 자마다 상처를 입게 될 것이라고 기록되어 있다. 하나님은 예루살렘을 공격하는 모든 민족을 멸망시키실 것이다.

또한 스가랴 14장 12절에는 예루살렘을 대적한 모든 자들에게 전염병이 내릴 것이라고 말한다. 그들의 살과 눈, 혀가 썩을 것이다. 그러나 하나님은 유다와 예루살렘을 지켜보시고, 이를 치려는 민족들의 눈은 멀게 하시겠다고 말씀한다.

이스라엘의 하나님이 아브라함과 맺으신 영원한 언약은 가나안 온 땅에 관한 것이다. 그러나 그분의 보좌가 놓이고 그분의 발바닥이 영원히 머무를 곳은 바로 모리아산(Mt. Moriah)이다. 이곳은 아브라함이 이삭을 바친 자리(창 22장)이며, 다윗이 은 50세겔을 주고 타작 마당을 산 곳(삼하 24:24-25)이며, 솔로몬 성전이 세워졌던 장소이다.

그리스도인들은 예수님께서 그곳에서 십자가에 달려 올려지셨고, 새 언약을 세우신 곳으로 믿는 장소이다(렘 31:31-37). 이 새 언약은 창세기 12장 3절과 15장에서 하나님이 아브라함에게 주신, 곧 "모든 족속이 너로 말미암아 복을 얻을 것이라 하신지라"는 약속의 성취로 이해된다.

하나님이 아브라함과 맺으신 이 영원한 언약은 예루살렘 왕의 보좌가 영원히 설 중심이며, 이스라엘의 육적·영적 구속과 예루살렘의 재통합과 회복의 핵심이다. 결국 이곳은 이스라엘 자손 가운데서 하나님의 발이 머무는 자리(겔 43:1-7)가 될 것이다.

3부

아브라함 언약
이스라엘과 열방의 믿는 자들

올리브나무
아브라함의 집과 다윗의 집

제8장

아브라함의 자녀 된 믿는 자들

하나님의 아브라함 언약은 단순히 이스라엘 땅에 초점을 맞추고 강조하는 것이 아니라, 하나님이 처음부터 지금까지 가지고 계신 목적, 곧 이스라엘과 모든 민족의 교회를 구속하시고 구원하시는 계획과도 연결되어 있다. 아브라함 언약을 통해 하나님의 백성(유대인)은 땅을 유산으로 받을 뿐 아니라 구원도 받게 된다.

이스라엘의 하나님은 창세기 16장 18절에서 아브라함과 언약을 맺으시고, 이어 창세기 17장 21절에서는 "내 언약은 이삭과 세우리라"고 말씀하셨다. 또한 창세기 28장 13절-14절에서는 야곱, 곧 이스라엘과 언약을 맺으셨으며, 창세기 35장 10절에서는 이스라엘과 더불어 믿음을 통해 아브라함의 자녀(아들들) 된 열방의 공동체와도 언약을 맺으셨다. 열방(이방인)을 향한 하나님의 구속의 목적(언약)은 바로 하나님의 장자, 이스라엘과 맺으신 언약에서 비롯된 것이다.

열방의 믿는 자들은, 믿는 유대인들과 함께 구원의 유업을 나누며, 목적과 운명에도 하나 되어 연결된 올리브나무에 접붙임을 받았다. 이는 메시아의 오심과 하늘로부터 내려올 새 예루살렘을 준비하는 것이다. 이것은 아브라함이 바라보았던 그 성, 곧 하늘로부터 오는 성을 의미한다(히 11:10).

이스라엘 땅과 믿음으로 말미암은 아브라함의 자녀들에 대한 언약의 약속은 창세기 12장 1절-3절에서 아브라함에게 처음 주어졌다.

> 여호와께서 아브람에게 이르시되
> 너는 너의 고향과 친척과 아버지의 집을 떠나
> 내가 네게 보여 줄 땅으로 가라
> 내가 너로 큰 민족을 이루고 네게 복을 주어
> 네 이름을 창대하게 하리니 너는 복이 될지라
> 너를 축복하는 자에게는 내가 복을 내리고
> 너를 저주하는 자에게는 내가 저주하리니
> **땅의 모든 족속이 너로 말미암아 복을 얻을 것이라 하신지라**
>
> 아브라함은 전에 제단을 쌓았던 벧엘로 돌아갔다(창세기 12:6)
>
> 롯이 아브람을 떠난 후에 여호와께서 아브람에게 이르시되
> 너는 눈을 들어 너 있는 곳에서 북쪽과 남쪽 그리고 동쪽과 서쪽을 바라보라
> 보이는 땅을 내가 너와 네 자손에게 주리니 영원히 이르리라

> 내가 네 자손(씨앗)이 땅의 티끌 같게 하리니
>
> 사람이 땅의 티끌을 능히 셀 수 있을진대 네 자손(씨앗)도 세리라(창 13:14-16)

예슈아와 아버지 아브라함을 통해 모든 민족이 복을 받으리라

창세기 11장에서 사람들은 하늘에 닿는 바벨탑(신의 문)을 쌓으려 했으나, 그것은 인간의 주도에서 비롯된 것이었고 하늘은 닫혀 있었기 때문에 실패했다. 그 결과 하나님께서 그들의 언어를 혼잡하게 하시고 흩으셨다.

창세기 14장 13절에서 아브라함이 유프라테스를 건너 약속의 땅에 들어올 때, 그는 '히브리 사람'이라 불렸다. '히브리'라는 말은 '건너다, 지나가다, 사이를 통과하다'라는 뜻이다. 그는 바벨(바빌론)에서 유프라테스를 건너 벧엘(하늘의 문이라 불린 곳)로 와서, 멜기세덱의 인격 안에서 하나님, 곧 예슈아와 언약을 맺었다.

아브라함이 바벨에서 벧엘로 건너간 것은 그의 순종과 결단이었으며, 바로 그것이 그를 '히브리 사람'이 되게 하였다. 그가 믿음으로 의롭다 여김을 받고, 약속의 땅을 유업으로 받게 된 것이다. 그가 건너감으로써 그는 약속의 땅에 들어왔고, 뿌리이신 예슈아, 곧 '히브리인 중의 히브리인,' '의의 왕,' '평강의 왕'(살렘-예루살렘), 그리고 '유대인의 왕'과 언약을 맺은 것이다.

바벨과는 달리, 벧엘에서는 하나님께서 아브라함과 그리고 이후에는 야곱에게 친히 하늘을 가르고 내려오셨다. '히브리인' 아브라함은 이후 앗시리아에서 이스라엘을 거쳐 이집트까지, 그리고 다시 이스라엘로 돌아오기까지 약속의 땅 전체를 '통과해 지나갔다.' 후에는 이스라엘의 하나님 예슈아를 믿는 자들이 여호수아의 인도를 받아 다시 이집트에서 약속의 땅으로 건너와 그 땅을 차지하게 되었다.

하나님이 아브라함과 언약을 맺으실 때(창 15장), 연기 나는 화로와 타는 횃불이 그 쪼갠 고기 사이로 '지나갔다'고 말한다. 이사야 62장 1절에서는 예루살렘의 구원이 타오르는 횃불과 같을 것이라고 기록되어 있다.

이처럼 새 언약은 구원의 길을 여는 열쇠로서, 예슈아께서 하늘에서 땅으로, 사망에서 생명으로 '건너오심'(요 5:24)을 통해 구원을 가져오신 것이다.

아브라함이 오늘날 이라크 지역에서 건너와 예루살렘에 이르렀을 때, 그는 예루살렘의 왕, 멜기세덱, 곧 이스라엘의 하나님이신 예슈아, 의와 평강의 왕으로 나타나신 분을 만났다. 그 만남은 그의 삶을 근본적으로 변화시켰다. 이는 곧 복음이 그에게 미리 전파되었다는 사실(갈 3:8)과 그가 의롭다 여김을 받았다는 말씀(창 15:6)에서 더욱 강조된다.

멜기세덱, 즉 예슈아(의의 왕)는 아브라함과 함께 떡과 포도주를 나누며, 그를 축복하셨다. 이는 2천 년 후, 예루살렘에서 승천 직전 제자들과 다시 떡과 포도주를 나누시며 축복하신 사건을 예표한다. 멜기세덱-예슈아께서 떡과 포도주를 떼어 아브라함을 축복하신 후, 아브라함은 세 가지를 행했다. 그분께 십일조를 드렸고, 손을 들어 맹세하며 의의 왕과 언약을 맺었다.

그 결과, 멜기세덱-예슈아께서는 아브라함이 믿음을 통해 하나님의 언약과 주 예슈아를 분명히 신뢰했음을 보시고 그를 의롭다 선언하셨다. 우리를 의롭게 하실 수 있는 분은 오직 주 예슈아이시다. 이 의는 아브라함뿐 아니라 그의 육적 자손(유대인)과 영적 자손(메시아를 믿는 이방인, 곧 그리스도인)에게도 전가되었다(창 14~15장; 롬 11장).

오늘날 이 충만과 회복의 때에도, 이러한 영적 자손들이 의롭다 칭함을 받고, 뿌리가 예슈아이신 잘 가꾸어진 올리브나무에 접붙임을 받고 있다.

> 그런즉 믿음으로 말미암은 자들은 아브라함의 자손인 줄 알지어다(갈 3:7)

멜기세덱-예슈아와 아브라함 사이의 언약은, 그분과 우리의 유대적-히브리적 뿌리의 성경적 기초이다. 히브리서 7장 9절-10절은, 여호수아 시대 율법 아래에서 십일조를 거두었던 대제사장 레위조차도 아브라함을 통해 멜기세덱에게 십분의 일을 드렸다고 말한다.

시편 110편 1절에서 성령께서 다윗을 통해 이렇게 말씀하신다.

> 여호와께서 내 주에게 말씀하시기를
> 내가 네 원수들로 네 발판이 되게 하기까지
> 너는 내 오른쪽에 앉아 있으라 하셨도다

다윗은 이어서 4절에서 이렇게 더욱 강조한다.

> 여호와는 맹세하고 변하지 아니하시리라 이르시기를
> 너(메시아 예슈아)는 멜기세덱의 서열을 따라
> 영원한 제사장(왕)이라 하셨도다

새 언약(New Covenant)은 아브라함 언약, 곧 멜기세덱-예슈아가 아브라함과 맺은 언약(창 14~15장)의 성취이며, 이는 예슈아께서 시온의 성전산에서 다윗의 보좌에 앉아 영원히 통치하실 때 그 충만함에 이르게 될 것이다.

예슈아는 더 나은 언약의 보증이시며, 곧 우리의 조상 아브라함과 맺으신 언약(맹세)의 주체이시다. 예슈아의 죽으심은 더 나은 언약을 충만하게 이루셨다. 하나님의 어린 양이 모리아산, 곧 예루살렘에서 이삭을 대신한 숫양의 성취가 되셨기 때문이다.

히브리서 저자는 예슈아가 우리의 믿음의 주이시며, 또한 온전케 하시는 분이라고 말한다(히 12:2). 이제 첫 열매로부터 충만(성취)으로 나아가고 있으며, 이는 성령을 통해 계시된 메시아, 곧 우리 안에 계신 영광의 소망이신 그리스도로 나타나신 것이다(렘 31:31-34; 히 8:8-13).

아브라함은 예슈아의 죽음과 십자가 사건, 그리고 부활을 미리 본 것처럼 보인다. 예슈아께서 요한복음 8장 56절과 58절에서 "너희 조상 아브라함은 나의 때 볼 것을 즐거워하다가 보고 기뻐하였느니라"고 말씀하셨기 때문이다. 찬양곡 〈보라 어린 양(Behold the Lamb)〉에서도 예슈아께서 세상 기초가 놓이기 전에 이미 죽임 당하셨다고 노래한다. 내가 이해하기로는, 예슈아의 십자가와 부활의 때에 사람들이 이렇게 노래했던 것 같다. '이 날은 여호와께서 정하신 날이니, 우리가 즐거워하며 기뻐하리로다.' 또한 히브리서 11장 10절은 아브라함이 기초가 있는 성, 곧 건축자와 설계자가 하나님이신 성을 바라보았다고 말한다. 그러므로 아브라함은 십자가와 부활의 환상뿐 아니라 하늘로부터 내려올 새 예루살렘까지도 바라본 것임이 분명하다.

바벨 지역에서 나온 아브라함은 예루살렘의 왕이신 예슈아를 만났다. 그는 멜기세덱-예슈아께서 모든 것이 되시며, 모든 것을 공급하시는 분임을 깨달았다. 그래서 그는 소돔 왕에게서 아무것도 받지 않았고, 대신 몇몇 의인들이 의의 하나님, 곧 예루살렘의 왕이신 영원한 언약의 하나님께 구원받도록 중보하였다.

아브라함은 하나님의 약속에 대해 조금도 의심하지 않았으며, 오히려 믿음이 더욱 굳건해져 하나님께 영광을 돌렸다. 그는 하나님이 약속하신 것을 이루실 능력이 있으심을 완전히 확신했다. 하나님은 우리가 이스라엘의 언약의 하나님, 곧 죽은 자 가운데서 예슈아를 살리신 그분을 믿을 때, 우리에게도 의로 여겨 주시기를 원하신다.

아브라함이 믿음으로 말미암아 의롭다 여김을 받은 것처럼, 바울은 갈라디아서 3장 6절에서 이렇게 말한다. "아브라함이 하나님을 믿으매 **그것을 그에게 의로 정하셨다 함과 같으니라**"(또 창 15:6; 롬 4:3, 22).

할례는 의의 표징 또는 인침이었지만, 의 자체를 만들어내는 것은 아니다. 아브라함이 아직 할례받지 않았을 때, 믿음을 통해 의가 주어졌다. 그러므로 아브라함은 할례자와 무할례자 모두 믿는 자들의 아버지이다. 아브라함이 할례받기 이전에 가졌던 그 믿음의 교제 안에서 행하는 모든 자들은 믿음으로 아브라함의 자녀들이다. 약속은 믿음을 통해 주어졌고, 아브라함의 모든 후손들에게 보증되었다. 아브라함은 믿는 우리 모두의 아버지이다.

우리는 믿음으로 모세의 자녀, 믿음으로 이스라엘의 자녀, 믿음으로 다윗의 자녀, 혹은 심지어 믿음으로 예수님의 자녀라고 불리지 않는다. 모든 믿는 자들은 믿음으로 아브라함의 자녀라 불린다. 왜냐하면 언약적 약속의 영적 씨, 곧 유대인과 열방의 이방인들에게 임하는 구원이 예슈아를 통해 아브라함에게서 비롯되었기 때문이다.

예슈아께서 바리새인들과 사두개인들에게 말씀하실 때, 아브라함의 육적 후손이라는 사실 그 자체가 의로움의 근거가 되지 않는다는 것을 아셨다. 그것은 오히려 아브라함의 믿음의 유업을 가리키는 것이었다.

> 그러므로 회개에 합당한 열매를 맺고
> 속으로 아브라함이 우리 조상이라 말하지 말라
> 내가 너희에게 이르노니
> 하나님이 능히 이 돌들로도 아브라함의 자손이 되게 하시리라 (눅 3:8)

아브라함
열방의 아버지이자 모든 민족을 위한 기도의 집의 아버지

하나님께서 아브라함을 통해 계시하신 바, 곧 처음부터 가지셨던 본래의 뜻은 이스라엘과 열방의 공동체(Community of Nations)를 두시는 것이었다. 예슈아—멜기세덱은 약 4천 년 전, 위대한 중보자 아브라함을 통해 모든 민족을 위한 기도의 집(House of Prayer for All Nations, HOPFAN)의 씨를 탄생시키신 것처럼 보인다. 성경은 아브라함에 대해 이렇게 기록한다.

너는 여러 민족의 아버지가 될지라(창 17:4-5)

전능하신 하나님께서 야곱—이스라엘에게 말씀하셨다. '한 나라와 여러 민족의 공동체[HOPFAN]가 네게서 나오고'(창 35:11), 그 후 솔로몬의 성전은 **만민**을 위한 기도의 집이라 불렸다(사 56:7). 천 년이 넘는 시간이 흐른 뒤, 예슈아께서는 마가복음 11장 17절에서 이렇게 말씀하셨다.

내 집은 **만민**이 기도하는 집이라 칭함을 받으리라

이제 20세기와 21세기에 이르러, 하나님께서는 다시금 예루살렘과 이스라엘, 그리고 온 열방 가운데서 모든 민족을 위한 기도의 집을 세우고 계신다.

열방을 위한 기도의 집은 올리브나무의 뿌리이신 예슈아에 의해, 많은 민족의 아버지이자 위대한 중보자인 아브라함을 통해 잉태되었다. 이 기도의 집은 하나님께서 아브라함과 처음으로 언약을 맺으셨기 때문에 그와 함께 시작되었다. 아브라함은 우리가 믿는 하나님 앞에서 우리의 아버지이다. 모든 소망이 끊어진 상황 속에서도 그는 소망 가운데 믿었고, 마침내 여러 민족의 아버지가 되었다!

유대인이든 이방인이든 믿는 모든 사람은 믿음으로 아브라함의 자녀이다. 성경은 하나님께서 이방인을 믿음으로 의롭다 하실 것을 약속하시고, 아브라함에게 미리 복음을 전하셨다. "땅의 모든 족속(이방인)이 너로 말미암아 복을 얻을 것이라"(창 12:3) 그러므로 믿음을 가진 자들은 믿음의 사람 아브라함과 함께 복을 받는다.

> 이는 그리스도 예수 안에서 아브라함의 복이 이방인에게 미치게 하고
> 또 우리로 하여금 믿음으로 말미암아 성령의 약속을 받게 하려 함이라
> (갈 3:14)

하나님은 은혜로 아브라함에게 모든 민족을 위한 그 씨(seed)의 약속을 주셨다.

> 또 네 씨(후손)로 말미암아 **천하 만민이** 복을 받으리니
> 이는 네가 나의 말을 준행하였음이니라 하셨다 하니라(창 22:18)

> 너희가 그리스도의 것이면 곧 아브라함의 자손이요
> 약속대로 유업을 이을 자니라(갈 3:29)

창세기 17장 16절에서 하나님은 아브라함에게 말씀하셨다.

> 내가 그(사라)에게 복을 주어 그가 네게 아들을 낳아 주게 하며
> 내가 그에게 복을 주어 그를 여러 민족의 어머니가 되게 하리니
> 민족의 여러 왕이 그에게서 나리라

아브라함이 백 세 되었을 때, 이삭은 성령으로 말미암아 초자연적이고 기적으로 태어났다. 창세기 17장 19절의 말씀이다.

> 하나님이 이르시되 아니라 네 아내 사라가 네게 아들을 낳으리니
> 너는 그 이름을 이삭이라 하라 내가 그와 내 언약을 세우리니
> 그의 후손에게 영원한 언약이 되리라

메시아의 씨(Seed)는 아브라함과 이삭, 그리고 야곱을 통해 이어져, 마침내 예슈아의 탄생을 위한 길이 준비되었다.

이 약속들은 아브라함과 그의 씨에게 말씀한 것이다(창 12:7; 13:15-6; 22:18; 24:7).

> 이 약속들은 아브라함과 그 자손(씨들)에게 말씀하신 것인데

여럿을 가리켜 그 자손들이라 하지 아니하시고

오직 한 사람을 가리켜 네 자손(씨)이라 하셨으니 곧 그리스도라(갈 3:16)

예슈아와 야곱, 이스라엘을 통해 모든 민족이 복을 받는다

야곱-이스라엘도 이스라엘의 하나님, 곧 예슈아와 만남을 가졌다.

바벨은 바빌론을 상징하며, 인간이 하늘에 이르려고 시도한 헛된 노력으로 지옥으로 가는 길을 닦는 것을 의미한다. 반면 벧엘은 '하늘의 문'이라 불리며, 하늘과 땅을 잇는 하나님의 문을 상징한다. 그것은 하나님께서 하늘을 열고 벧엘에서 야곱-이스라엘에게 내려오신, 하나님의 주도적 행위를 의미한다.

벧엘에서 야곱은 땅 위에 세워진 하늘의 사닥다리를 보았고, 그 위에서 계신 이스라엘의 하나님, 주 예슈아를 보았다.

> 야곱이 브엘세바에서 떠나 하란으로 향하여 가더니
> 한 곳에 이르러는 해가 진지라
> 거기서 유숙하려고 그 곳의 한 돌을 가져다가 베개로 삼고 거기 누워 자더니
> 꿈에 본즉 사닥다리가 땅 위에 서 있는데
> 그 꼭대기가 하늘에 닿았고 또 본즉 하나님의 사자들이
> 그 위에서 오르락내리락 하고
> 또 본즉 여호와께서 그 위에 서서 이르시되 나는 여호와니
> 너의 조부 아브라함의 하나님이요 이삭의 하나님이라

> 네가 누워 있는 땅을 내가 너와 네 자손에게 주리니
> 네 자손이 땅의 티끌 같이 되어
> 네가 서쪽과 동쪽과 북쪽과 남쪽으로 퍼져나갈지며
> **땅의 모든 족속이 너와 네 자손(씨)으로 말미암아 복을 받으리라**
> 내가 너와 함께 있어 네가 어디로 가든지 너를 지키며
> 너를 이끌어 이 땅으로 돌아오게 할지라
> 내가 네게 허락한 것을 다 이루기까지 너를 떠나지 아니하리라 하신지라
> 야곱이 잠이 깨어 이르되 여호와께서 과연 여기 계시거늘
> 내가 알지 못하였도다 이에 두려워하여 이르되
> 두렵도다 이 곳이여 이것은 다름 아닌 하나님의 집이요
> 이는 하늘의 문이로다 하고 (창 28:10-17)

벧엘에서 예루살렘까지는 차로 약 30분 거리다. 예루살렘의 올리브산에서 예슈아께서 하늘로 승천하셨으며, 다시 오실 때에도 그곳으로 오실 것이다. 이는 벧엘에서 천사들이 오르내린 것과 연결된다. 요한복음 1장 51절에서 예슈아께서는 이를 예언적으로 말씀하셨다.

> 또 이르시되 진실로 진실로 너희에게 이르노니
> 하늘이 열리고 하나님의 사자들이 인자 위에 오르락 내리락 하는 것을 보리라
> 하시니라

벧엘 - 하늘의 문
하나님의 집, 모든 민족이 기도하는 집

야곱이 벧엘에서 열린 하늘을 보았을 때, 하나님께서 그의 이름을 이스라엘로 바꾸셨다.

> 하나님이 그에게 이르시되
> 네 이름이 야곱이지마는 네 이름을 다시는 야곱이라 부르지 않겠고
> 이스라엘이 네 이름이 되리라 하시고
> 그가 그의 이름을 이스라엘이라 부르시고
> 하나님이 그에게 이르시되
> 나는 전능한 하나님이라 생육하며 번성하라
> **한 백성과 백성들의 총회가 네게서 나오고**
> **왕들이 네 허리에서 나오리라**(창 35:10-11)

야곱이 벧엘에서 땅을 사지 않은 이유는 그곳에서 하늘에 계신 이스라엘의 하나님, 곧 예슈아를 계시로 보았기 때문이라 믿는다. 그는 단지 하늘에 계신 예슈아만 본 것이 아니라, 예슈아와 맺은 언약도 보았고, 아마도 새 예루살렘에서의 궁극적인 시민권 또한 보았을 것이다. 하늘로부터 그에게 약속된 땅은, 중심 땅(창 13:14-16), 온 땅(창 15:18), 그리고 온 세상이었다.

그가 본 환상은 이스라엘만을 위한 것이 아니라, 그와 그의 후손을 통해 온 세상의 모든 민족이 기도의 집을 통해 복을 받는 것이었다. 바벨에

서는 인간이 스스로 하늘에 이르기 위해 탑을 세우려 했으나 실패했다. 그러나 하나님께서 아브라함과 언약을 맺으시고 벧엘에서 야곱을 만나셨을 때, 그분은 하늘을 가르고 하늘의 문을 열어 하늘을 그의 삶 속으로 가져오셨다.

우리 그리스도인들의 뿌리는 골고다, 정원 무덤, 다락방, 혹은 사도들로부터 시작되지 않는다. 우리의 유대적·히브리적 뿌리는 아브라함을 통해, 그리고 이후 벧엘—하나님의 집에서 야곱, 곧 이스라엘을 통해 우리에게 주신 이스라엘의 하나님, 예슈아의 언약에서 시작된다. 바로 이곳이 믿음의 사람 아브라함, 곧 우리 모두의 아버지와, 이름이 이스라엘로 바뀐 야곱을 통해 예슈아 안에서 우리의 믿음의 뿌리가 놓인 자리이다. 아브라함과 이삭과 야곱의 씨를 통해 이스라엘과 열방 가운데 교회가 태어나고 복을 받았다. 만민을 위한 기도의 집인 교회의 씨가 바로 이스라엘, 벧엘에서 탄생한 것이다.

제9장

하나님의 집 - 올리브나무
마지막 때의 회복과 아브라함 자손의 축복

하나님은 약 4천 년 전 아브라함을 통해 그분의 궁극적인 구속의 목적의 기초를 놓으셨다. 이는 하나님께서 멜기세덱이신 예슈아를 계시할 수 있는 믿음의 사람을 찾으셨기 때문이며, 그를 통해 마지막 때의 회복을 위한 기초와 길을 준비하기 시작하셨다. 그래서 이사야 51장 1절-3절은 우리의 아버지를 아담이나 노아, 이삭이나 야곱, 모세나 다윗, 혹은 세례 요한으로 보지 말고, 아브라함을 우리의 아버지로 바라보라고 말씀한다.

아브라함의 마음은 자신이 사랑했던 두 아들이 이스라엘의 하나님 안에서 하나로 화해하는 것이었다. 그의 아들들은 헤브론에서 그를 장사 지내기 위해 만났지만, 아브라함은 유대인과 아랍 이방인이 하나가 되는 '한 새 사람'으로 만드실 예슈아의 죽음과 부활을 기다려야 했고, 또한 이일이 시작되기까지는 마지막 때에 이르는 하늘 아버지의 정하신 때를 기다려야 했다. 이처럼 높고 거룩한 목적은, 하나님의 거룩한 목적에 대한 사탄적 이슬람의 테러 공격이라는 반격을 불러오기도 했다.

그러나 하나님의 뜻은 결국 승리할 것이다. 하지만 아브라함의 육적 자손들의 회복은 1948년 이스라엘이 건국되기 전에는 온전히 시작될 수 없었다. 왜냐하면 이스라엘의 자연적 회복이 먼저 있어야, 이집트와 이스라엘과 앗시리아의 영적 회복이 뒤따를 수 있었기 때문이다. 다시 말해, 이사야 19장에서 말하는 이집트와 이스라엘, 앗수르를 잇는 대로는 이스라엘의 회복 이전에는 세워질 수 없었던 것이다.

이 마지막 회복의 때에 우리는 하나님께서 두 가지 일을 하고 계시는 것을 본다.

첫째, 하나님은 모든 민족 가운데서 믿음으로 아브라함의 자녀라 불리는 이방인의 충만함을 믿음으로 인도하고 계신다. 오늘날 전 세계에는 약 10억에서 20억에 이르는 이방인 그리스도인, 곧 믿음으로 아브라함의 자녀 된 사람들이 있다.

둘째로 하나님께서 행하시는 일은 아브라함의 육적 자손들, 곧 유대인과 아랍인들을 아브라함의 씨, 곧 예슈아를 통해 아브라함의 믿음으로 인도하시고, 화목하게 하여 예슈아 안에서 한 새 사람으로 만드시는 것이다. 우리는 이미 이집트와 이스라엘과 앗시리아, 곧 아랍인들과 유대인들이 함께 하나님을 예배하며 '땅의 한가운데 있는 복'이 되는 첫 열매를 보았다(사 19:23-25).

최근에 주님께서는 아브라함의 육적 자녀들이 하늘의 별들처럼 아브라함의 영적 자녀가 되도록 기도해야 한다고 말씀하셨다. 우리는 충만함이 임하는 것을 보게 될 것이다. 이 일이 더 많이 일어날수록 더 큰 복이 땅

가운데 모든 민족에게 흘러가게 될 것이다. 이것은 인류 역사상 가장 큰 추수를 준비하며, 동시에 메시아의 오심을 예비하는 길을 마련하게 될 것이다.

로마서 11장 1절에서 바울은 이렇게 말한다.

> 그러므로 내가 말하노니 하나님이 자기 백성을 버리셨느냐
> 그럴 수 없느니라 나도 이스라엘인이요
> 아브라함의 씨에서 난 자요 베냐민 지파라

그리고 11절과 12절에서 그는 이어서 이렇게 말한다.

> 그러므로 내가 말하노니
> 그들이 넘어지기까지 실족하였느냐 그럴 수 없느니라
> 그들이 넘어짐으로 구원이 이방인에게 이르러
> 이스라엘로 시기나게 함이니라
> 그들의 넘어짐이 세상의 풍성함이 되며
> 그들의 실패가 이방인의 풍성함이 되거든
> 하물며 그들의 충만함이리요

바울은 잘 가꾼 올리브나무에 대해 말하면서, 그 나무의 몇몇 원가지(유대인들)들 중 일부가 불신으로 인해 꺾여 나갔다고 말한다. 그러나 오늘날, 이 회복의 시대에 하나님께서는 그 가지들을 다시 올리브나무에 접

붙이고 계시다. 또한 바울은 이방인이 본래 성질상 야생(wild by nature)인 또 다른 올리브나무(out of another olive tree)의 들올리브나무 가지(wild olive shoots)라고 말한다. 육적인 차원에서 이스마엘은 들올리브나무와 그 가지들을 상징하며, '들나귀 같은 사람'으로 묘사된다(창 16:11-12).

그러나 이스마엘(이집트, 앗시리아, 아랍을 대표함)은 아브라함과 함께 할례를 받았으며, 이는 그가 아브라함의 집에 속하도록 예정되었음을 보여주는 표징이다. 나는 아랍인들의 구속적 목적이 열방(이방 가지들)을 들올리브나무에서 이끌어내어, 본래 그들이 쫓겨났던 아브라함의 집, 곧 경작된 참올리브나무에 다시 접붙이는 것이라고 믿는다.

아랍인들의 운명은, 오늘날 아랍 민족들을 대표하는 모압 여인 룻이 이스라엘 백성에게 말했던 것처럼, 이방인들을 이끌어 이스라엘 백성에게 "룻이 이르되 내게 어머니를 떠나며 어머니를 따르지 말고 돌아가라 강권하지 마옵소서 어머니께서 가시는 곳에 나도 가고 어머니께서 머무시는 곳에서 나도 머물겠나이다 어머니의 백성이 나의 백성이 되고 어머니의 하나님이 나의 하나님이 되시리니"(룻기 1:16)라고 고백하게 하는 것이다.

믿음의 가지들이 들올리브나무에서 꺾여 나와 잘 가꾼 올리브나무에 접붙여지고 있으며, 이제 그들은 경작된 올리브나무의 뿌리, 곧 아브라함과 우리의 뿌리이신 예슈아의 양분을 공급받게 되었다.

오늘날 '유대적 뿌리(Jewish Roots)'에 관한 많은 잘못되고 혼란스러운 가르침들이 있어서, 율법이 의롭다 함을 줄 수 있다고 믿게 만들고, 우리의 뿌리가 유대교에 있다고 여기게 하여, 심지어 어떤 이들은 예슈아를 부인하는 데까지 이르고 있다. '유대적 뿌리'에 관한 어떤 가르침이든, 의와 평강의 유대인의 왕이신 예슈아에 대한 믿음 외에 행위나 다른 무엇을 우리의 궁극적인 뿌리와 믿음의 기초로 인정한다면 그것은 거짓된 기초이다.

갈라디아서 3장 11절에서 바울은 이렇게 말한다.

> 또 하나님 앞에서 아무도 율법으로 말미암아
> 의롭게 되지 못할 것이 분명하니 이는 의인은 믿음으로 살리라 하였음이라

만일 우리의 유대적 뿌리가 예슈아, 곧 의의 왕 안에서의 믿음과 하나님의 은혜가 아닌 행위나 다른 어떤 것에 있다면, 그것은 에서가 맛본 쓰디쓴 뿌리와 같아서 결국 파멸로 이끈다(히 12:14-16). 또한 신명기 19장 19절은 히브리어로 "네 집 가운데서 악의 뿌리를 제거하라"고 말하고 있다.

우리는 예슈아께서 아브라함의 뿌리이심을 깨달아야 한다. 우리 스스로의 의나 바리새인적인 거룩함과 선함으로 그 뿌리를 지탱하는 것이 아니라, 이스라엘의 뿌리이시며 거룩하신 분이신 예슈아 그분의 구속의 은혜로 우리를 지탱하시며, 우리가 믿음으로 그분의 거룩과 의에 참여하게 하심으로써 우리를 붙들어 주신다. 유대인이든 이방인이든, 잘 가꾼 올리브나무의 일부가 되고 또 그 안에 머무는 유일한 길은 아브라함과 야

곱-이스라엘, 다윗, 그리고 모든 믿는 자들의 뿌리이신 메시아 예슈아를 믿는 믿음뿐이다.

> 그러므로 너희가 그리스도 예수를 주로 받았으니
> 그 안에서 행하되 그 안에 뿌리를 박으며 세움을 받아
> 교훈을 받은 대로 믿음에 굳게 서서 감사함을 넘치게 하라(골 2:6-7)

로마서 11장 16절은 "만일 은혜로 된 것이면 행위로 말미암지 않음이니 그렇지 않으면 은혜가 은혜 되지 못하느니라" 멜기세덱이신 예슈아께서는 올리브나무의 뿌리로서 아브라함 언약을 통해 우리에게 의와 거룩함을 부여해 주셨다. 이는 모든 가지들, 곧 유대인과 이방인 모두를 의롭고 거룩하게 하시기 위함이다. 바울은 또 말하기를.

> 이방인의 충만함[올리브나무에]이 들어오기까지
> 이스라엘의 더러는 우둔하게 된 것이라(롬 11:25)

> 유대인-이스라엘의 충만함에
> 그들 자신들의 올리브나무에 접붙임(롬 11:12, 23-24)

> 그러하여 온 이스라엘이 구원을 받으리라(롬 11:26)

> 무릇 이 규례를 행하는 자에게와
> 하나님의 이스라엘에게 평강과 긍휼이 있을지어다(갈 6:16)

유대인과 이방인의 가지들이 충만하게 되어, 그 뿌리가 메시아 예슈아이시고 줄기는 아브라함과 이삭, 야곱-이스라엘인 경작된 올리브나무에 모두 접붙여질 것이다.

예슈아께서 말씀하셨다. "아브라함이 나기 전부터 내가 있느니라 하시니" 멜기세덱이신 예슈아께서 아브라함과 그의 씨에게 주신 약속과 언약은, 본래 아브라함의 택하신 씨인 유대인들이 메시아를 받아들일 때 그들에게 주어진 것이며, 또한 그 약속과 언약은 아브라함의 육적 자녀인 아랍인들에게도 주어졌는데, 그들이 믿음을 통해 영적으로 아브라함의 자녀가 되는 것이다. 그리고 이 약속은 믿음으로 아브라함의 자녀가 된 전 세계 모든 이방인(그리스도인들)도 포함된다.

우리는 모두 약 4천 년 전 아브라함이 바라보았던 그 성, 새 예루살렘의 일부가 되어 영원히 그 곳에 거할 것이다. 이는 멜기세덱의 반차를 좇은 제사장이신 예슈아의 피로 세워진 새 언약의 맹세 때문이다. **영원토록!**

우리는 모두 예슈아 안에서 믿음으로 아브라함의 자손이 될 것이다. 곧 **뿌리이신 예슈아, 알파와 오메가, 처음과 마지막, 시작과 끝, 우리의 주시며 또 온전케 하시는 분, 아브라함과 다윗의 뿌리시며 자손이신 분, 빛나는 새벽별**이시며 영원토록 그러하신다.

> 이는 그리스도 예수 안에서 아브라함의 복이 이방인에게 미치게 하고
> 또 우리로 하여금 믿음으로 말미암아 성령의 약속을 받게 하려 함이라
>
> (갈 3:14)

다윗의 집
다윗의 집과 마음, 장막과 보좌가
올리브나무에서 회복되고 있다

다윗의 집과 마음, 장막과 보좌의 회복은 아브라함과 맺으신 하나님의 언약의 씨 안에서 성취되는 마지막 단계이며, 이는 참올리브나무의 충만함과 메시아의 오심을 준비하는 길이다.

스가랴서 12장에서 '다윗의 집'은 단 8절 안에 다섯 번이나 언급된다. 스가랴는 예루살렘의 가장 연약한 믿는 자도 다윗과 같을 것이며, 다윗의 집은 하나님과 같게 될 것이라고 말한다(슥 12:8).

아모스서 9장에서 하나님은 마지막 때에 다윗의 무너진 장막(다윗의 장막으로도 불림)을 다시 일으키실 것이라 말씀하신다. 이는 곧 이스라엘 나라를 의미하며, 다윗의 보좌이며 메시아의 보좌이다. 하나님은 또한 다윗의 장막을 회복하고 계시는데, 이는 이스라엘과 전 세계적으로 24시간 예배가 세워지는 가운데 이루어지고 있다.

하나님께서는 예루살렘과 이스라엘 백성들의 마음과 영을 영원히 변화시키시는 놀라운 일을 행하실 것이다. 사울의 마음과 영에서 다윗의 마음과 영, 곧 메시아의 오심을 준비하는 하나님의 마음으로 바꾸실 것이다. 이는 그들이 율법과 죄와 사망의 영에서 돌이켜, 생명과 믿음의 영, 곧 뿌리이신 예슈아 안에서 은혜와 진리의 성령의 법으로 돌아올 때 일어난다. 이것이야말로 우리가 의롭다함을 받고, 마음이 할례를 받아, 다윗의 마음을 소유할 수 있는 유일한 길이다.

예슈아께서 종려주일에 승리의 입성을 하실 때, 제자들은 "호산나 다윗의 자손이여!"라고 외쳤다. 주님을 예배하기 위해 아브라함과 이삭과 야곱-이스라엘의 씨인 다윗은 한 타작마당을 은으로 사들였는데, 그곳이 후에 성전산의 기초가 되었다.

성전산은 다윗의 보좌이자 주님의 보좌로 불리며, 이스라엘 중심부, 곧 유대와 사마리아(창 13:14-17)의 한가운데 있다. 이 땅은 하나님께서 아브라함과 이삭과 야곱-이스라엘의 후손에게 영원히 주신 약속의 땅이며, 창세기 15장 18절-20절에서 하나님께서 아브라함과 다윗과 아브라함의 자손에게 영원히 언약으로 주신 모든 땅이다.

이사야 9장 7절은 메시아께서 다윗의 보좌에 영원히 앉으실 것이라고 말한다. 성전산은 또한 아브라함과 다윗의 씨이신 예슈아께서 유대인과 이방인 모두에게 의의 충만함을 주시기 위해 죽으신 장소이기도 하다. 다윗이 성전을 건축할 환상을 보았던 바로 그 성전산의 다윗의 보좌는, 메시아 예슈아, 곧 다윗의 뿌리이자 자손이신 그분께서 이스라엘 땅과 이스라엘 백성, 그리고 열방 가운데 믿는 자들과 영원히 언약적 결혼을 하실 자리이기도 하다.

이것이 참올리브나무의 회복의 충만함이다. 올리브나무는 공중에 떠서 존재할 수 없으며, 그 기초는 아브라함과 맺으신 언약 안에 있는 예슈아이시다. 그 첫 열매는 다윗과 솔로몬의 왕국이었고, 그 성취는 예슈아의 죽으심과 장사되심과 부활을 통해 이루어졌으며, 그 충만함은 예슈아께서 성전산의 다윗의 보좌에서 영원히 통치하실 때 완성될 것이다.

다윗의 집과 마음, 장막과 보좌가 회복되고 있다. 이는 영광의 왕께서 성전산 위에서 영원히 다스리실 길을 준비하는 것이다(겔 43:1-7). 성전산은 이스라엘 백성 가운데 그분의 발이 서실 영원한 자리, 곧 다윗의 보좌이다.

다윗의 집과 장막이 회복되는 것은 유대인과 아랍인, 그리고 전 세계 모든 나라 가운데서 온 자들이 다윗의 마음으로, 영과 진리 안에서 이스라엘의 하나님 예슈아를 예배하도록 길을 준비하는 일이다. 이는 하나 된 '생명나무의 참올리브나무'의 일부가 되는 것이다.

성전 산과 하늘에서 내려올 새 예루살렘에서 다스리시는 예슈아 안에, 그리고 그분과 함께 영원히 뿌리내리고 굳게 서기를 선택하는 모든 이들의 영원한 운명이다.

올리브나무는 공중에 떠서는 존재할 수 없고 존재해서도 안 된다. 그 기초는 아브라함과의 언약을 통해 주어진 예슈아이시다. 그 첫 열매는 다윗과 솔로몬의 왕국이었고, 그 성취는 예슈아의 죽으심과 장사되심과 부활을 통해 이루어졌다. 그리고 그 충만함은 예슈아께서 성전산의 다윗의 보좌에서 영원히 통치하실 때 완성될 것이다.

4부

언약과 땅

제10장

주님과 결혼할 이스라엘 땅과 백성

이사야 62장은 우리의 24시간 파수 사역의 핵심 성경구절 중 하나이다. 여러분의 기도 덕분에, 이스라엘의 하나님께서 대체신학을 뿌리째 뽑아내기 시작하셨다. 지난 2년 동안, 세계에서 가장 큰 교회들 가운데서 놀라운 변화가 일어나, 이스라엘과 함께 서는 문제에 있어 눈을 가렸던 베일이 벗겨지고 있다. 그들은 이제 땅이 이스라엘에게 속한다는 하나님의 약속을 점점 깨닫기 시작했다.

> 나는 시온의 의가 빛 같이, 예루살렘의 구원이 횃불 같이 나타나도록
> 시온을 위하여 잠잠하지 아니하며 예루살렘을 위하여 쉬지 아니할 것인즉
> 이방 나라들이 네 공의를, 뭇 왕이 다 네 영광을 볼 것이요
> 너는 여호와의 입으로 정하실 새 이름으로 일컬음이 될 것이며
> 너는 또 여호와의 손의 아름다운 관, 네 하나님의 손의 왕관이 될 것이라
> 다시는 너를 버림 받은 자라 부르지 아니하며

다시는 네 땅을 황무지라 부르지 아니하고

오직 너를 헵시바라 하며 네 땅을 쁄라라 하리니

이는 여호와께서 너를 기뻐하실 것이며 네 땅이 결혼한 것처럼 될 것임이라

마치 청년이 처녀와 결혼함 같이 네 아들들이 너를 취하겠고

신랑이 신부를 기뻐함 같이 네 하나님이 너를 기뻐하시리라

예루살렘이여 내가 너의 성벽 위에 파수꾼을 세우고

그들로 하여금 주야로 계속 잠잠하지 않게 하였느니라

너희 여호와로 기억하시게 하는 자들아

너희는 쉬지 말며 또 여호와께서 예루살렘을 세워

세상에서 찬송을 받게 하시기까지 그로 쉬지 못하시게 하라

성문으로 나아가라 나아가라 백성이 올 길을 닦으라

큰 길을 수축하고 수축하라 돌을 제하라 만민을 위하여 기치를 들라

(사 62:1-7,10)

잠시 생각해 보자. 혹시 전에 깊이 묵상해 보지 않았다면, 이사야 62장 4절을 기억하자. "다시는 너를 버림 받은 자라 부르지 아니하며 다시는 네 땅을 황무지라 부르지 아니하고 오직 너를 헵시바라 하며 네 땅을 쁄라(결혼한 여자)라 하리니 이는 여호와께서 너를 기뻐하실 것이며 네 땅이 결혼한 것처럼 될 것임이라" 이 말씀을 예루살렘 성벽 위의 파수꾼으로서, 또 전 세계에서 예루살렘을 위해 기도하는 자로서 이 성경 말씀을 선포하고 믿으라. **이스라엘 땅이 주님과 결혼할 것이다!**

그 다음 5절은 "마치 청년이 처녀와 결혼함 같이 네 아들들이 너를 취

하겠고 신랑이 신부를 기뻐함 같이 네 하나님이 너를 기뻐하시리라" 이 말씀은 이스라엘의 백성 또한 주님과 결혼하게 됨을 보여 준다. 하나님은 교회와만 결혼 언약을 맺으신 것이 아니라, 유대 민족 곧 이스라엘 백성과도 결혼 언약을 맺으셨다. 하나님은 이스라엘 땅과 백성을 회복시켜 이스라엘의 하나님께로 돌이키시겠다고 언약하셨다.

성경은 약속의 땅이 주님과 결혼했다고 말씀한다. 그러므로 우리는 이 땅과 이 백성이 이스라엘의 하나님과 결합되었음을 인정하고, 그 사실 위에 주님과 함께 굳게 서야 한다.

이스라엘의 많은 사람들이 자신들에게 언약을 맺어 주신 이스라엘의 하나님, 곧 조상들의 하나님을 믿지 않기 때문에 그분이 약속하신 땅을 포기하려 한다. 유대인들이 하나님의 언약을 다시 보게 되도록, 그리고 그 언약이 빼앗기거나 하나님의 약속의 땅에서 그들이 쫓겨나는 일이 없도록 기도해야 한다. 이 기도는 단지 주님께서 교회와 전 세계 믿는 자들과 그리고 유대 민족과 그들의 구원을 위해 결혼 언약을 맺으셨기 때문만이 아니라, 주님께서 그 땅과도 결혼 언약을 맺으셨기 때문에 필요하다.

세겜, 벧엘, 헤브론, 예루살렘에서 언약이 맺어졌다. 이 땅은 하나님께 속한 것이기 때문에, 그분의 언약은 단지 백성과만 맺어진 것이 아니라 이 땅과도 맺어진 것이다. 어떤 이들은 무슬림들과 열방이 이 땅을 빼앗을 것이라고 말한다. 그러나 우리는 이렇게 선포해야 한다. "나는 이 땅이 빼앗기지 않도록 끝까지 서서 기도할 것이며, 이 땅의 백성들이 하나님의 계시를 받도록 기도할 것이다."

십자군 전쟁, 종교 재판, 홀로코스트와 같은 역사 속 끔찍한 사건들, 그리고 진정한 기독교를 왜곡한 일들에 맞서지 못한 결과, 오늘날 이스라엘과 열방에는 이스라엘의 하나님조차 믿지 않는 무신론자와 불가지론자 유대인들이 많이 생겨났다. 그리스도인으로서 우리는 이런 끔찍한 범죄에 대해 매우 유감스럽게 생각하며, 유대인들이 우리를 용서해 주고 우리가 믿는 이스라엘의 유일하신 참 하나님을 향한 신실한 믿음으로 일어서기를 간구한다.

　우리는 믿는 자들이 하나님의 땅에 관한 언약을 굳게 믿을 수 있도록 기도한다. 심지어 일부 정통 유대인들조차도 하나님의 언약을 믿거나 지지하지 않는다. 그러므로 우리는 특별히 하나님께서 이스라엘의 모든 유대인들에게 그분의 땅에 대한 언약의 계시를 부어주시기를 간구해야 한다. 왜냐하면 하나님께서 유대 민족을 그들의 기업을 위해 서도록 부르셨기 때문이다.

　긍정적인 변화들이 일부 있었지만, 우리는 여전히 기독교 교회 안에 퍼져 있는 대체신학의 속임수가 제거되도록 계속 기도해야 한다. 대체신학은 아브라함의 언약이 오직 교회만을 위한 것이며, 오늘날 이스라엘 땅과는 무관하다고 주장한다. 그러나 이것은 반드시 회개해야 할 속임수와 저주이다. 그래야 교회와 열방이 심판에서 벗어나고, 하나님의 축복이 이스라엘과 교회, 그리고 열방 가운데 충만히 풀어지고 흘러가도록 하기 위해 반드시 회개해야 할 것이다.

　스스로 분열된 왕국이나 나라는 결코 설 수 없다. 언약의 백성이자 아브라함의 자손인 유대인들, 그리고 전 세계에 흩어져 있는 유대인들과,

아브라함과 맺으신 하나님의 언약을 믿음으로 붙드는 전 세계의 그리스도인들이 모두 하나 되어, 예루살렘 성벽 위의 파수꾼처럼 함께 서 있어야 한다.

우리는 예루살렘이 온 땅 가운데 찬송이 되기까지, 유대인과 아랍인, 이집트와 이스라엘, 그리고 앗시리아가 모두 함께 하나님을 예배하며 온 땅 가운데 복이 되는 그날까지 쉬지 말고, 또한 하나님께도 쉼을 드리지 말아야 한다. 아멘!

인자야 너는 이스라엘 산들에게 예언하여 이르기를
이스라엘 산들아 여호와의 말씀을 들으라

주 여호와께서 이같이 말씀하시기를
원수들이 네게 대하여 말하기를
아하 옛적 높은 곳이 우리의 기업이 되었도다 하였느니라

그러므로 너는 예언하여 이르기를
주 여호와께서 이같이 말씀하시기를 그들이 너희를 황폐하게 하고
너희 사방을 삼켜 너희가 남은 이방인의 기업이 되게 하여
사람의 말 거리와 백성의 비방 거리가 되게 하였도다
그러므로 이스라엘 산들아 주 여호와의 말씀을 들을지어다
산들과 멧부리들과 시내들과 골짜기들과 황폐한 사막들과
사방에 남아 있는 이방인의 노략 거리와 조롱 거리가 된 버린 성읍들에게
주 여호와께서 이같이 말씀하셨느니라

주 여호와께서 이같이 말씀하시기를

내가 진실로 내 맹렬한 질투로

남아 있는 이방인과 에돔 온 땅을 쳐서 말하였노니

이는 그들이 심히 즐거워하는 마음과 멸시하는 심령으로

내 땅을 빼앗아 노략하여 자기 소유를 삼았음이라

그러므로 너는 이스라엘 땅에 대하여 예언하되

그 산들과 멧부리들과 시내들과 골짜기들에 관하여 이르기를

주 여호와께서 이같이 말씀하시기를

내가 내 질투와 내 분노로 말하였나니

이는 너희가 이방의 수치를 당하였음이라

그러므로 주 여호와께서 이같이 말씀하시기를 내가 맹세하였은즉

너희 사방에 있는 이방인이 자신들의 수치를 반드시 당하리라

그러나 너희 이스라엘 산들아 너희는 가지를 내고

내 백성 이스라엘을 위하여 열매를 맺으리니

그들이 올 때가 가까이 이르렀음이라

내가 돌이켜 너희와 함께 하리니 사람이 너희를 갈고 심을 것이며

내가 또 사람을 너희 위에 많게 하리니 이들은 이스라엘 온 족속이라

그들을 성읍들에 거주하게 하며 빈 땅에 건축하게 하리라(겔 36:1-10)

이스라엘의 하나님께서 유대 백성을 이집트에서 이끌어내실 준비를 하실 때, 모세에게 바로를 향해 이렇게 선포하라고 말씀하셨다. "내 백성을 보내라, 그들이 [그들의 땅에서] 나를 예배하게 하라."

실제로 유대 백성이 온 이스라엘 땅, 특별히 언약과 언약의 제단들이 있는 곳들인 헐몬산, 세겜, 벧엘, 헤브론, 예루살렘으로 돌아오는 '알리야(귀환)의 이유는 바로 이스라엘의 하나님을 예배하기 위함이다. 타나크(히브리 성경)에 따르면, 유대 백성의 부르심과 사명은 단지 중동 한가운데서 그들의 땅에서만 하나님을 예배하는 데 그치지 않는다. 성령께서는 선지자 이사야를 통해 이렇게 말씀하셨다.

> 그 날에 애굽에서 앗수르로 통하는 대로가 있어
> 앗수르 사람은 애굽으로 가겠고 애굽 사람은 앗수르로 갈 것이며
> 애굽 사람이 앗수르 사람과 함께 경배하리라
> 그 날에 이스라엘이 애굽 및 앗수르와 더불어 셋이 세계 중에 복이 되리니
> 이는 만군의 여호와께서 복 주시며 이르시되
> 내 백성 애굽이여 내 손으로 지은 앗수르여
> 나의 기업 이스라엘이여 복이 있을지어다 하실 것임이라(사 19:23-25)

마지막으로, 이스라엘 지도자 루벤Reuven이 이렇게 기도한다.

하나님이 자기를 사랑하는 자들을 위하여 예비하신 모든 것은 눈으로 보지 못하고 귀로 듣지 못하고 사람의 마음으로 생각하지도 못하였다 함과 같으니라(고전 2:9).

아버지, 오늘 우리가 메시아의 이름으로 간구하오니, 아브라함의 눈이 열

려 사람이 할 수 없는 것들을 영으로 보았던 것처럼 우리의 눈도 열리게 하소서. 아들이 없던 남자, 아이를 낳지 못하던 아내였지만, 하나님께서는 그의 자손이 땅의 티끌처럼, 하늘의 별처럼 많아지리라 약속하시며, 그를 많은 민족의 아버지로 세우셨습니다. 그는 하나님을 믿었고, 그것이 그에게 의로 여겨졌습니다.

아버지, 메시아의 이름으로 간구하오니, 아브라함의 자손 된 우리가 이 마지막 때를 살아가며 우리의 영의 눈이 점점 더 열려, 선지자들을 통해 말씀하신 만물의 회복이 이루어지는 것을 보게 하소서. 오 하나님, 메시아의 계시가 충만하게 이 땅에 온전히 임하기를 바랍니다. 아버지, 우리가 오늘 아침 들은 것들을 위해 기도합니다. 그것들은 주님께 소중한 것들이며, 살아계신 하나님께서 친히 세우신 우리 믿음의 기둥이자 뿌리이자 기초가 되는 것들입니다.

아버지, 오늘 우리에게 주신 말씀을 받습니다. 주님, 주께서 이 계획 가운데 유대인과 아랍인 가운데서 남은 자들을 일으키시고, 양자의 영을 받은 아들들을 세우고 계심을 고백합니다. 주님, 이스라엘이 믿지 않음으로, 때로는 그 기업을 멸시함으로써 여러 방식으로 주신 유업과 씨름해 왔음을 우리가 들었습니다. 주 하나님, 그 죄를 용서해 주옵소서.

오 하나님, 우리가 너무 자주 주님의 귀한 것들을 업신여기고 예루살렘보다 바벨론을 택했던 것을 용서해 주옵소서. 주님, 메시아의 이름으로 이 자리에서 용서를 구합니다. 또한 주님, 메시아의 몸 안에서조차 아브라함과 이삭과 야곱의 씨 가운데 많은 이들이 이러한 것들을 보지 못하고, 그것들을 귀히 여기지 않았음을 고백합니다. 오 주님, 메시아의 이름으로 용서를 구합니다.

아버지, 주께서 아들 된 남은 자들을 세우시기 시작하신 것처럼, 주님, 우리는 메시아의 이름으로 주의 백성에게 주신 유업을 온전히 붙들기를 원합니다. 오 하나님, 우리가 믿음으로 주 앞에 서, 정사와 권세를 넘어 믿음으로 선포합니다. 하늘과 땅은 없어지겠으나 하나님의 말씀은 영원할 것입니다. 오 하나님, 세상이 창조되기 전부터 주께서 예정하신 모든 것이 반드시 성취될 것입니다.

주님, 우리의 발이 이 땅에 서 있는 것은 주님의 발과 같기 때문입니다. 그 모든 것이 처음부터 주님의 것이기 때문에, 그 모든 것이 처음부터 메시아의 것이기 때문에, 그 모든 것이 주님의 것입니다. 주님, 이 땅은 주님의 땅이시니, 주님께서 우리를 하나님의 청지기로 삼으셨습니다. 하나님의 영광과 주의 나라가 이 땅에 임하기를 구합니다. 주님, 주께서 이스라엘과 예루살렘을 택하시어, 이 땅을 주의 뜻 가운데 정하신 하나님의 나라의 중심으로 삼으셨습니다.

주님의 말씀을 존귀히 여기며, 주님의 말씀을 사랑합니다. 하나님, 우리가 주 앞에 자신을 복종시키며, 이제 계시의 영이 이 땅 위에 부어지기를 간구합니다. 주님, 이스라엘 백성 위에 계시의 영이 임하여, 믿지 않는 자들의 마음이 성령께서 밝히 드러내시도록 구합니다. 오 하나님, 심지어 주님의 말씀과 언약, 그리고 땅에 관한 약속의 실제를 보아야 할 일부 정통 유대인들에게도 그 빛을 비추어 주소서. 우리가 믿지 않음과 불순종의 죄를 위하여 민족적으로 주 앞에 회개하게 하시고, 오 하나님, 특별히 이 때에 계시의 영이 이스라엘 나라 가운데 강하게 임하게 하소서.

주님, 우리가 아랍인 믿는 자들을 위하여 간구합니다. 주님, 반드시 그들로부터 시작되어야 합니다. 오 하나님, 그들의 마음이 주님을 향한 사랑으로 가득하여, 주님의 충만함 안에 들어가고 주님의 마음을 깨닫기 전에는 영 안에서 결코 만족하지 못하도록 하여 주옵소서. 오 주님, 이것은 정치적인 문제가 아니라 하나님의 생각과 하나님의 뜻, 하나님의 계획과 질서의 문제입니다. 오직 하나님의 질서 안에서만 주님의 축복이 아랍 민족 위에 임할 것이며, 그 질서를 무시하는 것은 곧 자신들에게 주어진 하나님의 축복을 스스로 빼앗는 일입니다. 그러므로 우리가 간구하오니, 오 하나님, 계시의 영을 우리 아랍 형제들에게 부어주셔서 그들이 영으로 보게 하시고, 하나님의 말씀과 언약을 사랑하게 하옵소서. 그리하여 그들이 이 거룩한 계획에 순복하게 하시고, 주님께서 예비하신 충만한 축복을 받게 하옵소서.

주님, 우리는 이스라엘의 심장부인 유대와 사마리아 지역 전체를 위해 기도합니다. 이 지역의 정착민들을 위해 기도합니다. 오 하나님, 많은 정착민들이 주님의 말씀을 믿고, 열방과 이슬람의 반대 앞에서도 굳건히 서 있습니다. 주의 성령께서 그들에게 임하시어, 그들의 온 마음으로 주를 신뢰하게 하소서. 주님께서 말씀하시기를, 유대 백성이 주께로 돌이킬 때에 수건이 벗겨질 것이라고 하셨습니다. 오 하나님, 그들이 화해의 하나님이신 주께로 돌아올 때에, 우리는 유대와 사마리아의 아랍 마을들을 위해서도 기도합니다.

주님, 주는 불가능을 가능케 하시는 하나님이십니다. 성령을 부어주시옵소서. 주의 긍휼을 내려주시옵소서. 오 하나님, 그들을 이슬람의 저주와 이슬람의 영적 눈멀음에서 건져 주옵소서. 유월절 어린 양의 보혈로 구속을 베풀어 주옵소서.

우리는 이 아랍 마을들 위에 메시아의 보혈의 능력을 선포하며, "구속이 메시아의 이름으로 임하라!"라고 선언합니다. 아버지, 감사합니다. 오늘 선포된 말씀을 인하여 주께 감사드립니다. 오 하나님, 이 고백이 오늘 우리의 믿음의 선포가 되어, 하늘에서 이루어진 것 같이 땅에서도 주의 뜻이 이루어지게 하소서. 메시아의 이름으로 기도드립니다. 아멘!!

제11장

언약의 제단을 받아들임

2002년 9월, 세계 여러 나라의 대표들이 언약의 제단들을 받아들였다.

세겜 언약 제단
세 북문 - 갈멜산 문, 다마스쿠스 문, 피스갓 제에브 문을 통해 온 나라들이 받아들였다.

벧엘 언약 제단
세 서문 - 므바세렛-기랏여아림 문, 야파 문, 새 문을 통해 온 나라들이 받아들였다.

헤브론 언약 제단
세 남문 - 시온산 문, 베들레헴 문, 아인 케렘 문을 통해 온 나라들이 받아들였다.

모리아산(예루살렘) 언약 제단

세 동문 – 사자 문, 황금 문, 베다니 문을 통해 온 나라들이 받아들였다. 이스라엘 민족이 그 기도들을 확증하여 하나님 앞에 봉헌했다.

세겜 언약 제단(북쪽 문들)

우크라이나, 데이비드 그레고리

오 거룩하신 아버지, 주님, 우리의 하나님, 우리의 친구, 우리의 창조주 되신 주께 고백합니다. 주님은 위대하신 **"스스로 있는 자"**이시며, 우리가 이곳 위대한 왕의 도성에 올 수 있도록 허락하신 은혜에 감사드립니다. 주님께서는 바로 이 때를 위해 우리를 함께 부르셨고, 시온에서, 예루살렘에서 나오는 말씀이 땅 끝까지 퍼져 나가게 하셨습니다.

주님, 세겜 제단을 주심에 감사드립니다. 주께서 말씀하시기를 "주의 권능의 날에 주께서 사람들에게 성령을 부어 주시리라" 하셨으니, 우리가 지금 예루살렘에 있어 24시간 예배를 선포하며, 열방의 중보 기도를 선포하며, 알리야를 선포합니다. 선지자들을 보내시고, 모든 흔들릴 수 있는 것을 흔드시며, 흔들리지 않고 남을 것만 남게 하실 예언의 말씀들을 보내주소서.

오 주 하나님, 온 세상을 만져 주시고 주의 백성들이 주의 권능에 기꺼이 순종하게 하소서. 오늘은 구원의 날입니다. 오 하나님, 이집트와 이스라엘과 앗시리아가 위대한 왕의 도성에서 함께 예배드릴 그 날을 바라봅니다.

주님, 주께서는 어제나 오늘이나 영원토록 동일하십니다.

주님, 우리가 세겜 위에 사도적 권위를 구하오니, 주께서 표적과 기사를 나타내소서. 죽은 자를 살리시고, 병든 자를 고치시며, 상한 마음을 치유하실 것입니다. 주님께서 아버지께로 가셨기에 이제는 더 큰 일들을 행하실 것입니다.

감사합니다. 주님, 주께서 이 제단 위에서 다스리실 것을 믿습니다. 우리는 이 문들 안의 모든 나라들을 불러 하늘에서 이 제단의 중요성을 보게 하며, 이곳과 이스라엘에 평화를 선포합니다. 이스라엘을 사랑합니다. 주 하나님, 많은 사람들을 구원하시고, 예언의 말씀을 통해 그들을 주의 백성에게로 이끌어 주소서. 교회들을 곳곳에 세우소서. 메시아의 이름으로 기도합니다. 아멘!

이라크, 요셉

주님, 우리가 주의 이름을 영화롭게 합니다. 주님은 처음이자 마지막이시며, 알파와 오메가이십니다. 주님의 보혈과 주님의 뜻에 감사드립니다. 주님께서 모든 것을 이루실 것을 믿습니다. 나는 주의 이름을 부르며, 이 제단 위에 메시아의 이름, 곧 귀하신 왕의 이름을 선포합니다. 만왕의 왕, 천지의 창조주, 처음이요, 마지막이신 그분의 이름을 선포합니다. 온 세상에 주님이 누구신지를 나타내소서. 메시아의 이름으로 기도드립니다. 아멘.

벧엘 언약 제단(서쪽 문들)

영국, 찰스 아브라함, 켄싱턴 성전 – 서유럽 최대 교회

하늘의 아버지 "기초가 무너지면 의인이 무엇을 하랴"라는 말씀처럼, 우리는 아브라함이 세운 기초에 대해 주님께 감사드립니다. 벧엘에 세워진 그 제단의 기초 말입니다. 수년 뒤 주님께서는 그곳에서 다시 야곱에게 나타나시며, 그 언약에 가장 깊이 헌신하고 계심을 확증하셨습니다. 아버지, 주님께서는 그 위에 하늘을 여시고, 하늘에서 내려오는 사닥다리를 보여주셨습니다.

아버지, 오늘 우리는 주께 나아가 기도합니다. 서쪽 문들에서부터 이 언약의 장소, 벧엘을 받아들이고, 이 제단을 받아들입니다. 아버지 하나님, 하늘의 창을 여시고, 하늘에서 사닥다리를 내려 주셔서 이곳에 임하게 하소서. 천사들이 이곳에 내려오며 우리에게 계시를 전하게 하소서. 우리가 그곳에서 거의 끌어올려지는 것 같은 은혜를 누리게 하시며, 하늘의 공급이 이 문으로 흘러들어오게 하소서. 주님, 계시의 지식이 이 문을 통해 들어오게 하소서. 주님, 우리가 메시아의 이름으로 이 문을 받아들입니다.

주님은 벧엘의 하나님이십니다. 그리고 주께서 야곱에게 말씀하시기를 "내가 너를 떠나지 아니하리라" 하신 것을 기억합니다. 그러므로 오늘 우리가 주께 상기시켜 드리기를 원합니다. 우리가 아브라함과 야곱에게 세우신 그 언약 위에 서 있음을 말입니다. 주님께서 우리를 떠나지 않으시며, 주께서 약속하신 모든 것을 성취하시기 전에는 결코 우리를 버리지 않으심을 우리는 믿습니다.

주여, 그 제단의 언약을 새롭게 하소서. 주의 이름이 영화롭게 되기를 원합니다. 나는 서쪽의 문들의 이름을 불러 선포합니다. "벧엘아, 주의 제단아, 영으로 굳게 서고, 그 주위에서 예배하라. 주의 영광이 우리 가운데 임하실 것이며, 우리는 하나님의 영광을 보게 될 것이다. 그리고 이 모든 일이 이루어지기 전까지 우리는 주의 집을 떠나지 아니하리라. 우리는 이 문을 통해 이 제단에서 주의 이름을 높이리라. 메시아의 이름으로 선포한다!"

서쪽 문들에 속한 모든 나라들이 나와 함께 이렇게 말하라. "아버지, 메시아의 이름으로, 우리가 이 벧엘의 제단을 받아들이며, 이 보좌에서 메시아께 예배하고 중보하기로 약속합니다." 아멘!

독일어권 국가들, 게리 켈러
아버지, 우리가 이 제단을 받아들입니다. 야곱이 형을 피해 도망치다가 이곳에 와서 훔친 기업을 돌려놓았던 것처럼, 우리 또한 다른 민족들의 기업을 빼앗았던 나라들임을 인정합니다. 그러므로 이제 우리는 이곳으로 돌아와 다른 이들의 기업을 풀어놓기 위해 그것을 돌려드립니다.

우리는 독일어권 세계가 가진 돈과 관계와 보물, 곧 하나님의 선물들을 다시 가져와 이곳에 드립니다. 우리는 이 제단을 세울 것입니다. 그리고 독일어권 나라들을 향한 예언의 말씀이 울려 퍼지기를 선포합니다.

야곱이 이곳 돌 위에 머리를 두고 누웠습니다. 그러나 우리의 메시아께서는 "여우도 굴이 있고 공중의 새도 거처가 있으되 인자는 머리 둘 곳이 없다"라고 말씀하셨습니다. 그러므로 저는 독일어권 나라들을 위해 이렇게 기도합니다. **"주님, 여기 우리의 마음이 있습니다. 주님께서 이제 우리의 마음에 머리를 두시옵소서."**

그리고 우리 나라들 가운데 성령님의 임재 안에서 주님의 거처가 지금 세워지게 하옵소서. 하늘이 열리기를 간구합니다. 우리는 함께 이 벧엘의 제단을 계속해서 다시 세우리라 고백하고 확증합니다. 아멘.

미국, 보비 바이얼리, 콜로라도 스프링스 세계기도센터

아버지, 주님의 지혜와 지식과 계시 앞에 우리가 엎드립니다. 주님의 계시가 우리에게 임하였음을 감사드립니다. 우리가 이 제단을 받아들이는 것과 같이, 야곱이 말한 것처럼 우리도 선포합니다. "참으로 이것은 하늘의 문이로다."

아버지, 우리가 아메리카 전역과 미합중국 전역의 사람들을 부릅니다. 주님의 계시가 이 나라 전체에 퍼져 나가게 하시고, 대체신학의 거짓을 깨뜨리시며, 사람들이 나아와 아브라함의 하나님을 인정하게 하옵소서.

아버지, 우리가 미국을 위하여 주님께 감사드립니다. 그리고 우리는 미합중국에게 이렇게 선포합니다. "아브라함의 하나님께 굳게 서라, 미혹되지 말라!"

아버지, 지금 이 중대한 결단의 시기에 미국 위에 은혜를 말씀으로 선포합니다. 야곱이 하늘이 열리고 사닥다리가 하늘로부터 내려오는 것을 보았을 때 중대한 결정을 했던 것처럼, 주님, 우리가 미합중국을 위해 부르짖습니다. 그들의 눈의 가리움과 귀의 막힘을 열어 주소서.

이스라엘의 하나님이시여, 주께서 미국의 교회들 안으로 깊이 들어가실 것을 믿습니다. 그들을 주께로 이끌어 주시고, 예언의 말씀을 보내셔서 그들도 이 땅에서 계시를 받게 하옵소서. 사랑하는 아들, 메시아를 계시하여 주옵소서.

또한 아버지, 미국에 있는 모든 유대인들을 위해 기도하오니, 그들도 메시아 안에서 하나님의 계시를 받게 하소서. 메시아의 이름으로 기도드립니다. 아멘!

헤브론 언약 제단(남쪽 문들)

짐바브웨, 랭턴 가치

아버지, 우리 모두에게 계시를 보여주신 것에 감사드립니다. 주님, 우리에게 문들을 통해 제단들을 받아들이게 하신 것을 우리가 보았습니다. 이제 우리는 주님의 영원한 언약을 우리의 것으로 받아들이는 일에 더욱 가까이 나아가고 있습니다.

주님께서 아브라함에게 말씀하신 것들은 세대를 거듭해 여전히 말씀하고 계십니다. 아브라함의 씨로서 우리는 이 헤브론의 제단 앞에 서서, 아브라함에게 주셨던 축복을 주님께 상기시켜 드리기 위해 나아왔습니다.

주님, 모든 방해하는 것들을 제거해 주시기를 기도합니다. 어둠의 피난처를 쓸어내시고, 아브라함의 언약이 우리 세대 속에서도 계속 말하게 하소서.

그러므로 주님, 우리가 이제 주께 말합니다. 하나님, 우리가 헤브론에 세워진 제단들에게도 선포합니다. 주의 종이 아프리카에서 주께 받은 말씀을 가지고 와서 헤브론에서 제단을 쌓았을 때를 기억합니다. 주님, 우리가 지금 고백하기 원합니다.

그가 세운 제단이 땅에 쓰러지지 않고 반드시 성취되기를 원합니다. 이는 주님께서 아브라함의 하나님이시며, 그와 언약을 맺으신 분이시기 때문입니다.

오 이스라엘의 언약의 하나님, 우리가 주께 간구합니다. 주의 종에게 말씀하신 모든 말씀을 주께 상기시켜 드립니다. 우리는 그의 씨로서, 그의 백성으로서, 믿음으로 아브라함의 자녀가 되었기에, 모든 것이 성취되는 것을 보기 원합니다.

주님, 그러므로 우리가 주를 높이며 고백합니다. 하나님, 우리가 헤브론의 제단을 받아들입니다. 우리가 이 제단을 받아들이오니, 다윗이 그곳에서 7년 동안 다스렸던 것처럼 우리도 다스리기를 원합니다. 아버지, 우리가 주, 곧 메시아와 함께 다스리기를 원합니다. 메시아의 이름으로 우리가 차지하기 시작하오니, 여기 바로 기초가 있습니다. 우리 조상들의 조상, 아브라함과 이삭과 야곱이 이곳에 뿌리를 두었습니다. 우리 믿음의 조상들이 그곳에서 여전히 말하고 있으므로, 영원하신 하나님, 우리가 이곳에서 다스리기를 원합니다. 우리가 그 기초를 다시 놓기를 원합니다. 교회 안에 그 기초가 다시 세워지는 것을 보기 원합니다. 아버지, 우리가 헤브론을 기억할 때, 언약의 참여자였던 조상들이 행한 일들을 떠올립니다.

오 하나님, 메시아의 이름으로 고백합니다. 우리가 앞으로 나아가고 있으며, 주께서 원하셨던 바로 그 일들에 점점 더 가까이 다가가고 있음을 감사드립니다. 그러므로 모든 이름 위에 뛰어난 이름, 메시아의 이름으로 주께 찬양을 드립니다. 감사합니다, 아바 아버지. 할렐루야!

튀니지, 목타르

주님, 주의 이름을 감사드리며 영화롭게 합니다. 주님은 이스라엘의 하나님이시며, 모든 것 위에 홀로 높임을 받으시는 분이십니다. 주님께서는 주의 백성을 이집트에서 불러내셨습니다.

북아프리카의 백성으로서 우리가 기도하오니, 이스라엘로 향하는 열린 대로를 허락하소서. 그 길을 통해 많은 사람들이 주를 예배하고 주의 이름을 영화롭게 하게 하소서. 하나님, 우리 이집트와 아랍 나라 백성들도 주의 이름을 높입니다. 주님께서 우리 또한 자녀로 택하셨기 때문입니다. 주님은 우리를 사랑하시며, 그 사랑은 참으로 크십니다. 주님은 빛이십니다. 주님의 빛을 우리에게 부어 주시기를 간절히 기도합니다.

마음을 다해 간구하오니, 우리에게 양자의 은혜를 주셔서 주님의 이름이 온 세상에서 영화롭게 되게 하소서. 성부와 성자와 성령의 이름으로 기도드립니다. 아멘!

모리아산-예루살렘 언약 제단(동쪽 문들)

중국, 지하교회 지도자 (중국 내 약 1억 명의 그리스도인)

주님, 우리가 주께 감사와 찬양을 드립니다. 황금문을 통해 열방을 주께 봉헌합니다. 우리는 이 동쪽 방향에서 기도하며, 수백, 수천 명의 기도의 용사들을 일으키시고, 또 수많은 24시간 기도 파수꾼을 세우셔서 많은 영혼들이 구원받게 하소서. 또한 우상들의 권세를 무너뜨려 주소서.

이 동쪽에서 우리가 기도하오니, 많은 유대인들이 다시 그들의 하나님의 길로 돌아오게 하소서. 주님, 그들이 알리야를 할 수 있도록 도울 많은 사람들을 예비해 주소서. 주님, 감사드립니다.

우리는 이 제단을 지키고 보호하기 위해 모든 노력을 다할 것이며, 이 제단을 위해 24시간 깨어 기도하겠습니다. 우리가 길을 예비하고 오실 왕을 맞이하겠습니다.

모든 영광과 존귀를 메시아께 올려 드리며, 그분의 이름으로 기도합니다. 아멘.

대만, 조나단 쳉, 린량 교회 - 대만 최대 교회

우리가 예루살렘의 제단을 회복하겠습니다. 하늘에서 불을 내리셔서 열방과 교회를 태우고 정결케 하소서. 우리를 주의 크신 능력으로 충만케 하셔서, 우리가 주의 일을 주의 이름만을 의지하여 감당하게 하소서. 우리의 삶을 다시 한 번 주께 드리며, 우리가 예루살렘으로 와서 이 제단을 지키고, 주의 성전을 지키겠습니다.

우리를 바라보시는 주님 앞에 우리의 생명을 드립니다. 이 방향에 속한 모든 나라들을 위해 기도합니다. 찬양과 예배가 주께 번제처럼 올려지게 하소서. 우리가 주를 위한 길을 예비하고 모든 영광을 주께 돌리게 하소서. 우리의 사랑을 드리며, 메시아의 보혈이 그분께서 우리와 맺으신 언약을 굳게 세우게 하소서.

주님, 우리를 격려하시고, 찬양과 예배 가운데 기름 부으셔서 우리가 24시간 주께 나아가게 하옵소서. 우리가 예배와 찬양의 교회가 되게 하시며, 하늘에서 불이 교회 가운데 타오르기를, 주님 오시는 그 날까지 꺼지지 않게 하소서. 아브라함의 언약을 주셔서 감사합니다. 우리를 영원무궁토록 찬양하며 주께 존귀를 올려드립니다. 아멘.

인도, 토마스 조지, 인도 최대 교회 담임목사

아버지 하나님, 황금문에 속한 나라들과, 그 나라들이 이 제단을 받아들인 것을 위해 주를 찬양합니다. 우리의 조상 아브라함은 잠시 거할 장막에서 살았지만, 영원한 제단들을 세웠습니다. 그는 장막을 옮겨 다녔으나, 제단은 영원히 남았습니다. 오 하나님, 마찬가지로 영원한 모리아 제단이 세워졌을 때, 우리의 믿음의 조상이 그 마음의 가장 귀한 것을 제단 위에 드려 주께 바쳤을 때, **참된 예배가 주께 드려졌습니다.**

참된 예배가 온전히 드려질 때, 열방의 마음에서 **참된 중보와 예배**가 주께 올려지게 하소서.

아버지, 우리가 예루살렘, 모리아산의 제단을 위해 기도합니다. 우리는 위대한 왕이 오실 길을 준비합니다. 모든 것은 잠시 사라질 것이고, 제단은 영원히 서게 하소서. 방해하는 것은 다 무너지고, 참된 예배가 주의 임재 앞에 올려지게 하시며, 백성들이 영과 진리로 주를 예배하게 하소서.

주님, 감사드립니다. 주께서 백성들을 일으켜 와서 참된 예배를 드리게 하실 것을 믿습니다. 열방이 이 제단을 자신의 것으로 여기며, 위대한 왕 메시아께 참된 예배의 제물을 드리게 하소서. 메시아의 이름으로 기도드립니다. 아멘.

봉인(THE SEAL)

이스라엘, 루벤

아버지 하나님, 지금까지 올려진 모든 기도와 앞으로 이 계시로 인해 열방에서 올려질 모든 기도에 감사드립니다. 주께서 성령을 통해 열방에 이 제단들의 실제와 그 의미, 그리고 오늘 우리의 때에 그것들이 회복되도록 주께서 이루시려는 것들을 붙들 수 있도록 허락해 주셨음을 감사드립니다.

주님, 우리가 지금 이 시간에 필요한 모든 도움을 간구합니다. 주께서 말씀의 계시를 주시기를 원합니다. 그리고 저는 여기서 드려진 모든 기도들을 봉인하기 원합니다. 아버지, 이 기도들이 모든 열방 가운데 큰 열매를 맺게 하소서. 우리가 방금 기도한 이 네 제단과 관련하여 열매가 풍성히 맺히게 하소서.

아버지, 우리가 이 기도들을 인치며, 여기 있는 모든 형제자매들이 성령 안에서 자기 나라와 대륙을 위한 영적 대사가 되게 하소서. 메시아의 이름으로 이 네 제단과 관련하여 그렇게 되기를 간구합니다.

주님, 이 제단들이 주께서 이스라엘 민족에게 주신 약속, 곧 이스라엘 땅과 관련된 언약과 직접적으로 연결되어 있음을 고백합니다. 그러나 지금 이 언약의 실제가 열방 전체와 심지어 이스라엘에까지 도전을 받고 있습니다. 일부 이스라엘 정부는 그들의 기업을 타협하고, 포기하고, 멸시하려고 했습니다. 오 하나님, 이 때에 주께서 친히 붙드시고 지켜 주소서.

아버지, 우리가 이스라엘 사람으로서 주께서 우리에게 주신 집의 유업을 부끄러워하지 않게 하소서. 주 하나님, 우리가 그 유업을 렌틸콩 수프 한 그릇에 쉽게 팔아버리지 않게 하소서. 오 주님, 우리가 메시아 안에서 아들로서, 주께서 언약들을 통해 이스라엘 민족에게 맡기신 것들을 영 안에서 온전히 차지하게 하소서.

주 하나님, 우리는 우리 조상들이 세운 이 제단들과 우리가 연결되어 있음을 받아들입니다. 오 하나님, 이스라엘에게 계시를 주셔서, 우리가 이 때에 주께서 우리에게 맡기신 제사장 직분 안에 굳게 서게 하소서. 주 하나님, 우리가 그렇게 행할 때, 이스라엘 민족에게 더 큰 계시를 주시기를 기도합니다. 우리가 하나님께서 주신 것을 소중히 여기게 하소서. 이는 주께서 이 땅을 통해 온 세상을 소유하시기를 원하시며, 이 도시를 통해 주의 나라가 온 땅에 임하기를 원하시기 때문입니다.

그러므로 주님, 우리가 이스라엘을 위해 기도하오니, 주의 언약과 연결된 이 제단들을 우리가 소유하고, 궁극적으로는 열방을 향한 부르심을 감당하게 하소서. 오늘 여기에서 우리는 이스라엘과 열방을 대표하여 함께 서서, 우리 조상들이 세운 이 제단들을 받아들이고 확증합니다. 메시아의 이름으로 기도드립니다. 아멘!!!

제12장

하나님의 언약과
이스라엘 땅에 관한 성경 600구절

창 12:2-3
내가 너로 큰 민족을 이루고 네게 복을 주어 네 이름을 창대하게 하리니 너는 복이 될지라
너를 축복하는 자에게는 내가 복을 내리고 너를 저주하는 자에게는 내가 저주하리니 땅의 모든 족속이 너로 말미암아 복을 얻을 것이라 하신지라

창 12:6-7
아브람이 그 땅을 지나 세겜 땅 모레 상수리나무에 이르니 그 때에 가나안 사람이 그 땅에 거주하였더라 여호와께서 아브람에게 나타나 이르시되 내가 이 땅을 네 자손에게 주리라 하신지라 자기에게 나타나신 여호와께 그가 그 곳에서 제단을 쌓고

창 12:8
거기서 벧엘 동쪽 산으로 옮겨 장막을 치니 서쪽은 벧엘이요 동쪽은 아이라 그가 그 곳에서 여호와께 제단을 쌓고 여호와의 이름을 부르더니

창 13:14-18
롯이 아브람을 떠난 후에 여호와께서 아브람에게 이르시되 너는 눈을 들어 너 있는 곳에서 북쪽과 남쪽 그리고 동쪽과 서쪽을 바라보라 보이는 땅을 내가 너와 네 자손에게 주리니 영원히 이르리라
내가 네 자손이 땅의 티끌 같게 하리니 사람이 땅의 티끌을 능히 셀 수 있을진대 네 자손도 세리라 너는 일어나 그 땅을 종과 횡으로 두루 다녀 보라
내가 그것을 네게 주리라 이에 아브람이 장막을 옮겨 헤브론에 있는 마므레 상수리 수풀에 이르러 거주하며 거기서 여호와를 위하여 제단을 쌓았더라

창 14:18-20
살렘 왕 멜기세덱이 떡과 포도주를 가지고 나왔으니 그는 지극히 높으신 하나님의 제사장이었더라
그가 아브람에게 축복하여 이르되 천지의 주재이시요 지극히 높으신 하나님이여 아브람에게 복을 주옵소서 너희 대적을 네 손에 붙이신 지극히 높으신 하나님을 찬송할지로다 하매 아브람이 그 얻은 것에서 십분의 일을 멜기세덱에게 주었더라

창 15:5-7
그를 이끌고 밖으로 나가 이르시되 하늘을 우러러 뭇별을 셀 수 있나 보라 또 그에게 이르시되 네 자손이 이와 같으리라 아브람이 여호와를 믿으니 여호와께서 이를 그의 의로 여기시고 또 그에게 이르시되 나는 이 땅을 네게 주어 소유를 삼게 하려고 너를 갈대아인의 우르에서 이끌어 낸 여호와니라

창 15:9-21

여호와께서 그에게 이르시되 나를 위하여 삼 년 된 암소와 삼 년 된 암염소와 삼 년 된 숫양과 산비둘기와 집비둘기 새끼를 가져올지니라

아브람이 그 모든 것을 가져다가 그 중간을 쪼개고 그 쪼갠 것을 마주 대하여 놓고 그 새는 쪼개지 아니하였으며 솔개가 그 사체 위에 내릴 때에는 아브람이 쫓았더라

해 질 때에 아브람에게 깊은 잠이 임하고 큰 흑암과 두려움이 그에게 임하였더니 여호와께서 아브람에게 이르시되 너는 반드시 알라 네 자손이 이방에서 객이 되어 그들을 섬기겠고 그들은 사백 년 동안 네 자손을 괴롭히리니 그들이 섬기는 나라를 내가 징벌할지며 그 후에 네 자손이 큰 재물을 이끌고 나오리라

너는 장수하다가 평안히 조상에게로 돌아가 장사될 것이요 네 자손은 사 대 만에 이 땅으로 돌아오리니 이는 아모리 족속의 죄악이 아직 가득 차지 아니함이니라 하시더니 해가 져서 어두울 때에 연기 나는 화로가 보이며 타는 횃불이 쪼갠 고기 사이로 지나더라

그 날에 여호와께서 아브람과 더불어 언약을 세워 이르시되 내가 이 땅을 애굽 강에서부터 그 큰 강 유브라데까지 네 자손에게 주노니

곧 겐 족속과 그니스 족속과 갓몬 족속과 헷 족속과 브리스 족속과 르바 족속과 아모리 족속과 가나안 족속과 기르가스 족속과 여부스 족속의 땅이니라 하셨더라

창 17:2

내가 내 언약을 나와 너 사이에 두어 너를 크게 번성하게 하리라 하시니

창 17:4-5

보라 내 언약이 너와 함께 있으니 너는 여러 민족의 아버지가 될지라 이제 후로는 네 이름을 아브람이라 하지 아니하고 아브라함이라 하리니 이는 내가 너를 여러 민족의 아버지가 되게 함이니라

창 17:7-8
내가 내 언약을 나와 너 및 네 대대 후손 사이에 세워서 영원한 언약을 삼고 너와 네 후손의 하나님이 되리라 내가 너와 네 후손에게 네가 거류하는 이 땅 곧 가나안 온 땅을 주어 영원한 기업이 되게 하고 나는 그들의 하나님이 되리라

창 17:10
너희 중 남자는 다 할례를 받으라 이것이 나와 너희와 너희 후손 사이에 지킬 내 언약이니라

창 17:13
너희 집에서 난 자든지 너희 돈으로 산 자든지 할례를 받아야 하리니 이에 내 언약이 너희 살에 있어 영원한 언약이 되려니와

창 17:18-19
아브라함이 이에 하나님께 아뢰되 이스마엘이나 하나님 앞에 살기를 원하나이다
하나님이 이르시되 아니라 네 아내 사라가 네게 아들을 낳으리니 너는 그 이름을 이삭이라 하라 내가 그와 내 언약을 세우리니 그의 후손에게 영원한 언약이 되리라

창 17:21
내 언약은 내가 내년 이 시기에 사라가 네게 낳을 이삭과 세우리라

창 18:1-2
여호와께서 마므레의 상수리나무들이 있는 곳에서 아브라함에게 나타나시니라

날이 뜨거울 때에 그가 장막 문에 앉아 있다가 눈을 들어 본즉 사람 셋이 맞은편에 서 있는지라 그가 그들을 보자 곧 장막 문에서 달려나가 영접하며 몸을 땅에 굽혀

창 22:2
여호와께서 이르시되 네 아들 네 사랑하는 독자 이삭을 데리고 모리아 땅으로 가서 내가 네게 일러 준 한 산 거기서 그를 번제로 드리라

창 22:8-14
아브라함이 이르되 내 아들아 번제할 어린 양은 하나님이 자기를 위하여 친히 준비하시리라 하고 두 사람이 함께 나아가서 하나님이 그에게 일러 주신 곳에 이른지라
이에 아브라함이 그 곳에 제단을 쌓고 나무를 벌여 놓고 그의 아들 이삭을 결박하여 제단 나무 위에 놓고 손을 내밀어 칼을 잡고 그 아들을 잡으려 하니 여호와의 사자가 하늘에서부터 그를 불러 이르시되 아브라함아 아브라함아 하시는지라 아브라함이 이르되 내가 여기 있나이다 하매
사자가 이르시되 그 아이에게 네 손을 대지 말라 그에게 아무 일도 하지 말라 네가 네 아들 네 독자까지도 내게 아끼지 아니하였으니 내가 이제야 네가 하나님을 경외하는 줄을 아노라
아브라함이 눈을 들어 살펴본즉 한 숫양이 뒤에 있는데 뿔이 수풀에 걸려 있는지라 아브라함이 가서 그 숫양을 가져다가 아들을 대신하여 번제로 드렸더라
아브라함이 그 땅 이름을 여호와 이레라 하였으므로 오늘날까지 사람들이 이르기를 여호와의 산에서 준비되리라 하더라

창 23:17-20
마므레 앞 막벨라에 있는 에브론의 밭 곧 그 밭과 거기에 속한 굴과 그 밭

과 그 주위에 둘린 모든 나무가 성 문에 들어온 모든 헷 족속이 보는 데서 아브라함의 소유로 확정된지라
그 후에 아브라함이 그 아내 사라를 가나안 땅 마므레 앞 막벨라 밭 굴에 장사하였더라 (마므레는 곧 헤브론이라) 이와 같이 그 밭과 거기에 속한 굴이 헷 족속으로부터 아브라함이 매장할 소유지로 확정되었더라

창 25:9-10
그의 아들들인 이삭과 이스마엘이 그를 마므레 앞 헷 족속 소할의 아들 에브론의 밭에 있는 막벨라 굴에 장사하였으니 이것은 아브라함이 헷 족속에게서 산 밭이라 아브라함과 그의 아내 사라가 거기 장사되니라

창 26:3-4
이 땅에 거류하면 내가 너와 함께 있어 네게 복을 주고 내가 이 모든 땅을 너와 네 자손에게 주리라
내가 네 아버지 아브라함에게 맹세한 것을 이루어 네 자손을 하늘의 별과 같이 번성하게 하며 이 모든 땅을 네 자손에게 주리니 네 자손으로 말미암아 천하 만민이 복을 받으리라

창 28:4
아브라함에게 허락하신 복을 네게 주시되 너와 너와 함께 네 자손에게도 주사 하나님이 아브라함에게 주신 땅 곧 네가 거류하는 땅을 네가 차지하게 하시기를 원하노라

창 28:10-17
야곱이 브엘세바에서 떠나 하란으로 향하여 가더니 한 곳에 이르러는 해가 진지라 거기서 유숙하려고 그 곳의 한 돌을 가져다가 베개로 삼고 거기 누워 자더니

꿈에 본즉 사닥다리가 땅 위에 서 있는데 그 꼭대기가 하늘에 닿았고 또 본즉 하나님의 사자들이 그 위에서 오르락내리락 하고

또 본즉 여호와께서 그 위에 서서 이르시되 나는 여호와니 너의 조부 아브라함의 하나님이요 이삭의 하나님이라

네가 누워 있는 땅을 내가 너와 네 자손에게 주리니 네 자손이 땅의 티끌 같이 되어 네가 서쪽과 동쪽과 북쪽과 남쪽으로 퍼져나갈지며 땅의 모든 족속이 너와 네 자손으로 말미암아 복을 받으리라

내가 너와 함께 있어 네가 어디로 가든지 너를 지키며 너를 이끌어 이 땅으로 돌아오게 할지라 내가 네게 허락한 것을 다 이루기까지 너를 떠나지 아니하리라 하신지라

야곱이 잠이 깨어 이르되 여호와께서 과연 여기 계시거늘 내가 알지 못하였도다 이에 두려워하여 이르되 두렵도다 이 곳이여 이것은 다름 아닌 하나님의 집이요 이는 하늘의 문이로다 하고

창 28:18-22

야곱이 아침에 일찍이 일어나 베개로 삼았던 돌을 가져다가 기둥으로 세우고 그 위에 기름을 붓고 그 곳 이름을 벧엘이라 하였더라

이 성의 옛 이름은 루스더라 야곱이 서원하여 이르되 하나님이 나와 함께 계셔서 내가 가는 이 길에서 나를 지키시고 먹을 떡과 입을 옷을 주시어 내가 평안히 아버지 집으로 돌아가게 하시오면 여호와께서 나의 하나님이 되실 것이요 내가 기둥으로 세운 이 돌이 하나님의 집이 될 것이요

하나님께서 내게 주신 모든 것에서 십분의 일을 내가 반드시 하나님께 드리겠나이다 하였더라

창 31:13

나는 벧엘의 하나님이라 네가 거기서 기둥에 기름을 붓고 거기서 내게 서원하였으니 지금 일어나 이 곳을 떠나서 네 출생지로 돌아가라 하셨느니라

창 33:18
야곱이 밧단아람에서부터 평안히 가나안 땅 세겜 성읍에 이르러 그 성읍 앞에 장막을 치고

창 35:9-12
야곱이 밧단아람에서 돌아오매 하나님이 다시 야곱에게 나타나사 그에게 복을 주시고
하나님이 그에게 이르시되 네 이름이 야곱이지마는 네 이름을 다시는 야곱이라 부르지 않겠고 이스라엘이 네 이름이 되리라 하시고 그가 그의 이름을 이스라엘이라 부르시고 하나님이 그에게 이르시되 나는 전능한 하나님이라
생육하며 번성하라 한 백성과 백성들의 총회가 네게서 나오고 왕들이 네 허리에서 나오리라 내가 아브라함과 이삭에게 준 땅을 네게 주고 내가 네 후손에게도 그 땅을 주리라 하시고

창 48:3-4
요셉에게 이르되 이전에 가나안 땅 루스에서 전능하신 하나님이 내게 나타나사 복을 주시며 내게 이르시되
내가 너로 생육하고 번성하게 하여 네게서 많은 백성이 나게 하고 내가 이 땅을 네 후손에게 주어 영원한 소유가 되게 하리라 하셨느니라

창 48:22
내가 네게 네 형제보다 세겜 땅을 더 주었나니 이는 내가 내 칼과 활로 아모리 족속의 손에서 빼앗은 것이니라

창 49:29-32
그가 그들에게 명하여 이르되 내가 내 조상들에게로 돌아가리니 나를 헷

사람 에브론의 밭에 있는 굴에 우리 선조와 함께 장사하라 이 굴은 가나안 땅 마므레 앞 막벨라 밭에 있는 것이라
아브라함이 헷 사람 에브론에게서 밭과 함께 사서 그의 매장지를 삼았으므로 아브라함과 그의 아내 사라가 거기 장사되었고 이삭과 그의 아내 리브가도 거기 장사되었으며 나도 레아를 그 곳에 장사하였노라 이 밭과 거기 있는 굴은 헷 사람에게서 산 것이니라

창 50:12-13
야곱의 아들들이 아버지가 그들에게 명령한 대로 그를 위해 따라 행하여 그를 가나안 땅으로 메어다가 마므레 앞 막벨라 밭 굴에 장사하였으니 이는 아브라함이 헷 족속 에브론에게 밭과 함께 사서 매장지를 삼은 곳이더라

창 50:24
요셉이 그의 형제들에게 이르되 나는 죽을 것이나 하나님이 당신들을 돌보시고 당신들을 이 땅에서 인도하여 내사 아브라함과 이삭과 야곱에게 맹세하신 땅에 이르게 하시리라 하고

출 2:24
하나님이 그들의 고통 소리를 들으시고 하나님이 아브라함과 이삭과 야곱에게 세운 그의 언약을 기억하사

출 6:4-5
가나안 땅 곧 그들이 거류하는 땅을 그들에게 주기로 그들과 언약하였더니 이제 애굽 사람이 종으로 삼은 이스라엘 자손의 신음 소리를 내가 듣고 나의 언약을 기억하노라

출 6:8
내가 아브라함과 이삭과 야곱에게 주기로 맹세한 땅으로 너희를 인도하고 그 땅을 너희에게 주어 기업을 삼게 하리라 나는 여호와라 하셨다 하라

출 12:25
너희는 여호와께서 허락하신 대로 너희에게 주시는 땅에 이를 때에 이 예식을 지킬 것이라

출 19:4-6
내가 애굽 사람에게 어떻게 행하였음과 내가 어떻게 독수리 날개로 너희를 업어 내게로 인도하였음을 너희가 보았느니라
세계가 다 내게 속하였나니 너희가 내 말을 잘 듣고 내 언약을 지키면 너희는 모든 민족 중에서 내 소유가 되겠고 너희가 내게 대하여 제사장 나라가 되며 거룩한 백성이 되리라 너는 이 말을 이스라엘 자손에게 전할지니라

출 23:31
내가 네 경계를 홍해에서부터 블레셋 바다까지, 광야에서부터 강까지 정하고 그 땅의 주민을 네 손에 넘기리니 네가 그들을 네 앞에서 쫓아낼지라

출 32:13
주의 종 아브라함과 이삭과 이스라엘을 기억하소서 주께서 그들을 위하여 주를 가리켜 맹세하여 이르시기를 내가 너희의 자손을 하늘의 별처럼 많게 하고 내가 허락한 이 온 땅을 너희의 자손에게 주어 영원한 기업이 되게 하리라 하셨나이다

출 33:1
여호와께서 모세에게 이르시되 너는 네가 애굽 땅에서 인도하여 낸 백성과 함께 여기를 떠나서 내가 아브라함과 이삭과 야곱에게 맹세하여 네 자손에게 주기로 한 그 땅으로 올라가라

레 20:24
내가 전에 너희에게 이르기를 너희가 그들의 땅을 기업으로 받을 것이라 내가 그 땅 곧 젖과 꿀이 흐르는 땅을 너희에게 주어 유업을 삼게 하리라 하였노라 나는 너희를 만민 중에서 구별한 너희의 하나님 여호와이니라

레 25:2
이스라엘 자손에게 말하여 이르라 너희는 내가 너희에게 주는 땅에 들어간 후에 그 땅으로 여호와 앞에 안식하게 하라

레 25:8-17
너는 일곱 안식년을 계수할지니 이는 칠 년이 일곱 번인즉 안식년 일곱 번 동안 곧 사십구 년이라
일곱째 달 열흘날은 속죄일이니 너는 뿔나팔 소리를 내되 전국에서 뿔나팔을 크게 불지며 너희는 오십 년째 해를 거룩하게 하여 그 땅에 있는 모든 주민을 위하여 자유를 공포하라
이 해는 너희에게 희년이니 너희는 각각 자기의 소유지로 돌아가며 각각 자기의 가족에게로 돌아갈지며 그 오십 년째 해는 너희의 희년이니 너희는 파종하지 말며 스스로 난 것을 거두지 말며 가꾸지 아니한 포도를 거두지 말라 이는 희년이니 너희에게 거룩함이니라 너희는 밭의 소출을 먹으리라
이 희년에는 너희가 각기 자기의 소유지로 돌아갈지라 네 이웃에게 팔든지 네 이웃의 손에서 사거든 너희 각 사람은 그의 형제를 속이지 말라

그 희년 후의 연수를 따라서 너는 이웃에게서 살 것이요 그도 소출을 얻을 연수를 따라서 네게 팔 것인즉 연수가 많으면 너는 그것의 값을 많이 매기고 연수가 적으면 너는 그것의 값을 적게 매길지니 곧 그가 소출의 다소를 따라서 네게 팔 것이라 너희 각 사람은 자기 이웃을 속이지 말고 네 하나님을 경외하라 나는 너희의 하나님 여호와이니라

레 25:23-25
토지를 영구히 팔지 말 것은 토지는 다 내 것임이니라 너희는 거류민이요 동거하는 자로서 나와 함께 있느니라 너희 기업의 온 땅에서 그 토지 무르기를 허락할지니 만일 네 형제가 가난하여 그의 기업 중에서 얼마를 팔았으면 그에게 가까운 기업 무를 자가 와서 그의 형제가 판 것을 무를 것이요

레 25:38
나는 너희의 하나님이 되며 또 가나안 땅을 너희에게 주려고 애굽 땅에서 너희를 인도하여 낸 너희의 하나님 여호와이니라

레 26:9
내가 너희를 돌보아 너희를 번성하게 하고 너희를 창대하게 할 것이며 내가 너희와 함께 한 내 언약을 이행하리라

레 26:42
내가 야곱과 맺은 내 언약과 이삭과 맺은 내 언약을 기억하며 아브라함과 맺은 내 언약을 기억하고 그 땅을 기억하리라

레 26:44-45
그런즉 그들이 그들의 원수들의 땅에 있을 때에 내가 그들을 내버리지 아

니하며 미워하지 아니하며 아주 멸하지 아니하고 그들과 맺은 내 언약을 폐하지 아니하리니 나는 여호와 그들의 하나님이 됨이니라
내가 그들의 하나님이 되기 위하여 민족들이 보는 앞에서 애굽 땅으로부터 그들을 인도하여 낸 그들의 조상과의 언약을 그들을 위하여 기억하리라 나는 여호와이니라

민 10:29
모세가 모세의 장인 미디안 사람 르우엘의 아들 호밥에게 이르되 여호와께서 주마 하신 곳으로 우리가 행진하나니 우리와 동행하자 그리하면 선대하리라 여호와께서 이스라엘에게 복을 내리리라 하셨느니라

민 11:12
이 모든 백성을 내가 배었나이까 내가 그들을 낳았나이까 어찌 주께서 내게 양육하는 아버지가 젖 먹는 아이를 품듯 그들을 품에 품고 주께서 그들의 열조에게 맹세하신 땅으로 가라 하시나이까

민 13:26, 30-32
바란 광야 가데스에 이르러 모세와 아론과 이스라엘 자손의 온 회중에게 나아와 그들에게 보고하고 그 땅의 과일을 보이고…
갈렙이 모세 앞에서 백성을 조용하게 하고 이르되 우리가 곧 올라가서 그 땅을 취하자 능히 이기리라 하나 그와 함께 올라갔던 사람들은 이르되 우리는 능히 올라가서 그 백성을 치지 못하리라
그들은 우리보다 강하니라 하고 이스라엘 자손 앞에서 그 정탐한 땅을 악평하여 이르되 우리가 두루 다니며 정탐한 땅은 그 거주민을 삼키는 땅이요 거기서 본 모든 백성은 신장이 장대한 자들이며

민 14:7-9
이스라엘 자손의 온 회중에게 말하여 이르되 우리가 두루 다니며 정탐한 땅은 심히 아름다운 땅이라 여호와께서 우리를 기뻐하시면 우리를 그 땅으로 인도하여 들이시고 그 땅을 우리에게 주시리라 이는 과연 젖과 꿀이 흐르는 땅이니라
다만 여호와를 거역하지는 말라 또 그 땅 백성을 두려워하지 말라 그들은 우리의 먹이라 그들의 보호자는 그들에게서 떠났고 여호와는 우리와 함께 하시느니라 그들을 두려워하지 말라 하나

민 26:52-56
여호와께서 모세에게 말씀하여 이르시되 이 명수대로 땅을 나눠 주어 기업을 삼게 하라 수가 많은 자에게는 기업을 많이 줄 것이요 수가 적은 자에게는 기업을 적게 줄 것이니
그들이 계수된 수대로 각기 기업을 주되 오직 그 땅을 제비 뽑아 나누어 그들의 조상 지파의 이름을 따라 얻게 할지니라 그 다소를 막론하고 그들의 기업을 제비 뽑아 나눌지니라

민 27:12
여호와께서 모세에게 이르시되 너는 이 아바림 산에 올라가서 내가 이스라엘 자손에게 준 땅을 바라보라

민 32:22
그 땅이 여호와 앞에 복종하게 하시기까지 싸우면 여호와 앞에서나 이스라엘 앞에서나 무죄하여 돌아오겠고 이 땅은 여호와 앞에서 너희의 소유가 되리라마는

민 36:7-9
그리하면 이스라엘 자손의 기업이 이 지파에서 저 지파로 옮기지 않고 이스라엘 자손이 다 각기 조상 지파의 기업을 지킬 것이니라 하셨나니
이스라엘 자손의 지파 중 그 기업을 이은 딸들은 모두 자기 조상 지파의 종족되는 사람의 아내가 될 것이라 그리하면 이스라엘 자손이 각기 조상의 기업을 보전하게 되어 그 기업이 이 지파에서 저 지파로 옮기게 하지 아니하고 이스라엘 자손 지파가 각각 자기 기업을 지키리라

신 1:8
내가 너희의 조상 아브라함과 이삭과 야곱에게 맹세하여 그들과 그들의 후손에게 주리라 한 땅이 너희 앞에 있으니 들어가서 그 땅을 차지할지니라

신 1:21
너희의 하나님 여호와께서 이 땅을 너희 앞에 두셨은즉 너희 조상의 하나님 여호와께서 너희에게 이르신 대로 올라가서 차지하라 두려워하지 말라 주저하지 말라 한즉

신 1:25
그 땅의 열매를 손에 가지고 우리에게로 돌아와서 우리에게 말하여 이르되 우리의 하나님 여호와께서 우리에게 주시는 땅이 좋더라 하였느니라

신 1:38-39
네 앞에 서 있는 눈의 아들 여호수아는 그리로 들어갈 것이니 너는 그를 담대하게 하라 그가 이스라엘에게 그 땅을 기업으로 차지하게 하리라
또 너희가 사로잡히리라 하던 너희의 아이들과 당시에 선악을 분별하지 못하던 너희의 자녀들도 그리로 들어갈 것이라 내가 그 땅을 그들에게 주어 산업이 되게 하리라

신 3:28
너는 여호수아에게 명령하고 그를 담대하게 하며 그를 강하게 하라 그는 이 백성을 거느리고 건너가서 네가 볼 땅을 그들이 기업으로 얻게 하리라 하셨느니라

신 4:1
이스라엘아 이제 내가 너희에게 가르치는 규례와 법도를 듣고 준행하라 그리하면 너희가 살 것이요 너희 조상의 하나님 여호와께서 너희에게 주시는 땅에 들어가서 그것을 얻게 되리라

신 4:14
그 때에 여호와께서 내게 명령하사 너희에게 규례와 법도를 교훈하게 하셨나니 이는 너희가 거기로 건너가 받을 땅에서 행하게 하려 하심이니라

신 4:31
네 하나님 여호와는 자비하신 하나님이심이라
그가 너를 버리지 아니하시며 너를 멸하지 아니하시며 네 조상들에게 맹세하신 언약을 잊지 아니하시리라

신 6:3
이스라엘아 듣고 삼가 그것을 행하라 그리하면 네가 복을 받고 네 조상들의 하나님 여호와께서 네게 허락하심 같이 젖과 꿀이 흐르는 땅에서 네가 크게 번성하리라

신 6:10-11
네 하나님 여호와께서 네 조상 아브라함과 이삭과 야곱을 향하여 네게 주리라 맹세하신 땅으로 너를 들어가게 하시고

네가 건축하지 아니한 크고 아름다운 성읍을 얻게 하시며 네가 채우지 아니한 아름다운 물건이 가득한 집을 얻게 하시며 네가 파지 아니한 우물을 차지하게 하시며 네가 심지 아니한 포도원과 감람나무를 차지하게 하사 네게 배불리 먹게 하실 때에

신 6:18-19
여호와께서 보시기에 정직하고 선량한 일을 행하라 그리하면 네가 복을 받고 그 땅에 들어가서 여호와께서 모든 대적을 네 앞에서 쫓아내시겠다고 네 조상들에게 맹세하신 아름다운 땅을 차지하리니 여호와의 말씀과 같으니라

신 6:23
우리 조상들에게 맹세하신 땅을 우리에게 주어 들어가게 하시려고 우리를 거기서 인도하여 내시고

신 7:9
그런즉 너는 알라 오직 네 하나님 여호와는 하나님이시요 신실하신 하나님이시라 그를 사랑하고 그의 계명을 지키는 자에게는 천 대까지 그의 언약을 이행하시며 인애를 베푸시되

신 7:12-13
너희가 이 모든 법도를 듣고 지켜 행하면 네 하나님 여호와께서 네 조상들에게 맹세하신 언약을 지켜 네게 인애를 베푸실 것이라
곧 너를 사랑하시고 복을 주사 너를 번성하게 하시되 네게 주리라고 네 조상들에게 맹세하신 땅에서 네 소생에게 은혜를 베푸시며 네 토지 소산과 곡식과 포도주와 기름을 풍성하게 하시고 네 소와 양을 번식하게 하시리니

신 8:1

내가 오늘 명하는 모든 명령을 너희는 지켜 행하라 그리하면 너희가 살고 번성하고 여호와께서 너희의 조상들에게 맹세하신 땅에 들어가서 그것을 차지하리라

신 8:10

네가 먹어서 배부르고 네 하나님 여호와께서 옥토를 네게 주셨음으로 말미암아 그를 찬송하리라

신 8:18

네 하나님 여호와를 기억하라 그가 네게 재물 얻을 능력을 주셨음이라 이같이 하심은 네 조상들에게 맹세하신 언약을 오늘과 같이 이루려 하심이니라

신 10:11

여호와께서 내게 이르시되 일어나서 백성보다 먼저 길을 떠나라 내가 그들에게 주리라고 그들의 조상들에게 맹세한 땅에 그들이 들어가서 그것을 차지하리라 하셨느니라

신 11:8-9

그러므로 너희는 내가 오늘 너희에게 명하는 모든 명령을 지키라 그리하면 너희가 강성할 것이요
너희가 건너가 차지할 땅에 들어가서 그것을 차지할 것이며 또 여호와께서 너희의 조상들에게 맹세하여 그들과 그들의 후손에게 주리라고 하신 땅 곧 젖과 꿀이 흐르는 땅에서 너희의 날이 장구하리라

신 11:21
그리하면 여호와께서 너희 조상들에게 주리라고 맹세하신 땅에서 너희의 날과 너희의 자녀의 날이 많아서 하늘이 땅을 덮는 날과 같으리라

신 11:24
너희의 발바닥으로 밟는 곳은 다 너희의 소유가 되리니 너희의 경계는 곧 광야에서부터 레바논까지와 유브라데 강에서부터 서해까지라

신 11:31
너희가 요단을 건너 너희의 하나님 여호와께서 너희에게 주시는 땅에 들어가서 그 땅을 차지하려 하나니 반드시 그것을 차지하여 거기 거주할지라

신 15:4-5
네가 만일 네 하나님 여호와의 말씀만 듣고 내가 오늘 네게 내리는 그 명령을 다 지켜 행하면 네 하나님 여호와께서 네게 기업으로 주신 땅에서 네가 반드시 복을 받으리니 너희 중에 가난한 자가 없으리라

신 16:20
너는 마땅히 공의만을 따르라 그리하면 네가 살겠고 네 하나님 여호와께서 네게 주시는 땅을 차지하리라

신 17:14
네가 네 하나님 여호와께서 네게 주시는 땅에 이르러 그 땅을 차지하고 거주할 때에 만일 우리도 우리 주위의 모든 민족들 같이 우리 위에 왕을 세워야겠다는 생각이 나거든

신 18:9
네 하나님 여호와께서 네게 주시는 땅에 들어가거든 너는 그 민족들의 가증한 행위를 본받지 말 것이니

신 26:1-2
네 하나님 여호와께서 네게 기업으로 주어 차지하게 하실 땅에 네가 들어가서 거기에 거주할 때에 네 하나님 여호와께서 네게 주신 땅에서 그 토지의 모든 소산의 맏물을 거둔 후에 그것을 가져다가 광주리에 담고 네 하나님 여호와께서 그의 이름을 두시려고 택하신 곳으로 그것을 가지고 가서

신 26:15
원하건대 주의 거룩한 처소 하늘에서 보시고 주의 백성 이스라엘에게 복을 주시며 우리 조상들에게 맹세하여 우리에게 주신 젖과 꿀이 흐르는 땅에 복을 내리소서 할지니라

신 27:2-3
너희가 요단을 건너 네 하나님 여호와께서 네게 주시는 땅에 들어가는 날에 큰 돌들을 세우고 석회를 바르라 요단을 건넌 후에 이 율법의 모든 말씀을 그 위에 기록하라
그리하면 네 하나님 여호와께서 네게 주시는 땅 곧 젖과 꿀이 흐르는 땅에 네가 들어가기를 네 조상들의 하나님 여호와께서 네게 말씀하신 대로 하리라

신 27:4-6
너희가 요단을 건너거든 내가 오늘 너희에게 명령하는 이 돌들을 에발 산에 세우고 그 위에 석회를 바를 것이며
또 거기서 네 하나님 여호와를 위하여 제단 곧 돌단을 쌓되 그것에 쇠 연

장을 대지 말지니라 너는 다듬지 않은 돌로 네 하나님 여호와의 제단을 쌓고 그 위에 네 하나님 여호와께 번제를 드릴 것이며

신 27:12-13
너희가 요단을 건넌 후에 시므온과 레위와 유다와 잇사갈과 요셉과 베냐민은 백성을 축복하기 위하여 그리심 산에 서고 르우벤과 갓과 아셀과 스불론과 단과 납달리는 저주하기 위하여 에발 산에 서고

신 28:8-11
여호와께서 명령하사 네 창고와 네 손으로 하는 모든 일에 복을 내리시고 네 하나님 여호와께서 네게 주시는 땅에서 네게 복을 주실 것이며 여호와께서 네게 맹세하신 대로 너를 세워 자기의 성민이 되게 하시리니
이는 네가 네 하나님 여호와의 명령을 지켜 그 길로 행할 것임이니라 땅의 모든 백성이 여호와의 이름이 너를 위하여 불리는 것을 보고 너를 두려워하리라
여호와께서 네게 주리라고 네 조상들에게 맹세하신 땅에서 네게 복을 주사 네 몸의 소생과 가축의 새끼와 토지의 소산을 많게 하시며

신 30:5
네 하나님 여호와께서 너를 네 조상들이 차지한 땅으로 돌아오게 하사 네게 다시 그것을 차지하게 하실 것이며 여호와께서 또 네게 선을 행하사 너를 네 조상들보다 더 번성하게 하실 것이며

신 30:16-18
곧 내가 오늘 네게 명령하여 네 하나님 여호와를 사랑하고 그 모든 길로 행하며 그의 명령과 규례와 법도를 지키라 하는 것이라 그리하면 네가 생존하며 번성할 것이요 또 네 하나님 여호와께서 네가 가서 차지할 땅에서

네게 복을 주실 것임이니라

그러나 네가 만일 마음을 돌이켜 듣지 아니하고 유혹을 받아 다른 신들에게 절하고 그를 섬기면 내가 오늘 너희에게 선언하노니 너희가 반드시 망할 것이라 너희가 요단을 건너가서 차지할 땅에서 너희의 날이 길지 못할 것이니라

신 30:20
네 하나님 여호와를 사랑하고 그의 말씀을 청종하며 또 그를 의지하라 그는 네 생명이시요 네 장수이시니 여호와께서 네 조상 아브라함과 이삭과 야곱에게 주리라고 맹세하신 땅에 네가 거주하리라

신 31:7
모세가 여호수아를 불러 온 이스라엘의 목전에서 그에게 이르되 너는 강하고 담대하라 너는 이 백성을 거느리고 여호와께서 그들의 조상에게 주리라고 맹세하신 땅에 들어가서 그들에게 그 땅을 차지하게 하라

신 31:13
또 너희가 요단을 건너가서 차지할 땅에 거주할 동안에 이 말씀을 알지 못하는 그들의 자녀에게 듣고 네 하나님 여호와 경외하기를 배우게 할지니라

신 31:20
내가 그들의 조상들에게 맹세한 바 젖과 꿀이 흐르는 땅으로 그들을 인도하여 들인 후에 그들이 먹어 배부르고 살찌면 돌이켜 다른 신들을 섬기며 나를 멸시하여 내 언약을 어기리니

신 31:23
여호와께서 또 눈의 아들 여호수아에게 명령하여 이르시되 너는 이스라엘 자손들을 인도하여 내가 그들에게 맹세한 땅으로 들어가게 하리니 강하고 담대하라 내가 너와 함께 하리라 하시니라

신 32:48-49, 52
바로 그 날에 여호와께서 모세에게 말씀하여 이르시되 너는 여리고 맞은편 모압 땅에 있는 아바림 산에 올라가 느보 산에 이르러 내가 이스라엘 자손에게 기업으로 주는 가나안 땅을 바라보라…
네가 비록 내가 이스라엘 자손에게 주는 땅을 맞은편에서 바라보기는 하려니와 그리로 들어가지는 못하리라 하시니라

신 33:13-16
요셉에 대하여는 일렀으되 원하건대 그 땅이 여호와께 복을 받아 하늘의 보물인 이슬과 땅 아래에 저장한 물과 태양이 결실하게 하는 선물과 태음이 자라게 하는 선물과 옛 산의 좋은 산물과 영원한 작은 언덕의 선물과 땅의 선물과 거기 충만한 것과 가시떨기나무 가운데에 계시던 이의 은혜로 말미암아 복이 요셉의 머리에, 그의 형제 중 구별한 자의 정수리에 임할지로다

신 34:1-4
모세가 모압 평지에서 느보 산에 올라가 여리고 맞은편 비스가 산꼭대기에 이르매 여호와께서 길르앗 온 땅을 단까지 보이시고 또 온 납달리와 에브라임과 므낫세의 땅과 서해까지의 유다 온 땅과 네겝과 종려나무의 성읍 여리고 골짜기 평지를 소알까지 보이시고 여호와께서 그에게 이르시되 이는 내가 아브라함과 이삭과 야곱에게 맹세하여 그의 후손에게 주리라 한 땅이라 내가 네 눈으로 보게 하였거니와 너는 그리로 건너가지 못하리라 하시매

수 8:30-35
그 때에 여호수아가 이스라엘의 하나님 여호와를 위하여 에발 산에 한 제단을 쌓았으니 이는 여호와의 종 모세가 이스라엘 자손에게 명령한 것과 모세의 율법책에 기록된 대로 쇠 연장으로 다듬지 아니한 새 돌로 만든 제단이라
무리가 여호와께 번제물과 화목제물을 그 위에 드렸으며 여호수아가 거기서 모세가 기록한 율법을 이스라엘 자손의 목전에서 그 돌에 기록하매 온 이스라엘과 그 장로들과 관리들과 재판장들과 본토인뿐 아니라 이방인까지 여호와의 언약궤를 멘 레위 사람 제사장들 앞에서 궤의 좌우에 서되 절반은 그리심 산 앞에, 절반은 에발 산 앞에 섰으니 이는 전에 여호와의 종 모세가 이스라엘 백성에게 축복하라고 명령한 대로 함이라
그 후에 여호수아가 율법책에 기록된 모든 것 대로 축복과 저주하는 율법의 모든 말씀을 낭독하였으니 모세가 명령한 것은 여호수아가 이스라엘 온 회중과 여자들과 아이와 그들 중에 동행하는 거류민들 앞에서 낭독하지 아니한 말이 하나도 없었더라

수 1:1-11
여호와의 종 모세가 죽은 후에 여호와께서 모세의 수종자 눈의 아들 여호수아에게 말씀하여 이르시되 내 종 모세가 죽었으니 이제 너는 이 모든 백성과 더불어 일어나 이 요단을 건너 내가 그들 곧 이스라엘 자손에게 주는 그 땅으로 가라
내가 모세에게 말한 바와 같이 너희 발바닥으로 밟는 곳은 모두 내가 너희에게 주었노니 곧 광야와 이 레바논에서부터 큰 강 곧 유브라데 강까지 헷 족속의 온 땅과 또 해 지는 쪽 대해까지 너희의 영토가 되리라
네 평생에 너를 능히 대적할 자가 없으리니 내가 모세와 함께 있었던 것 같이 너와 함께 있을 것임이라 내가 너를 떠나지 아니하며 버리지 아니하리니 강하고 담대하라 너는 내가 그들의 조상에게 맹세하여 그들에게

주리라 한 땅을 이 백성에게 차지하게 하리라
오직 강하고 극히 담대하여 나의 종 모세가 네게 명령한 그 율법을 다 지켜 행하고 우로나 좌로나 치우치지 말라 그리하면 어디로 가든지 형통하리니 이 율법책을 네 입에서 떠나지 말게 하며 주야로 그것을 묵상하여 그 안에 기록된 대로 다 지켜 행하라 그리하면 네 길이 평탄하게 될 것이며 네가 형통하리라
내가 네게 명령한 것이 아니냐 강하고 담대하라 두려워하지 말며 놀라지 말라 네가 어디로 가든지 네 하나님 여호와가 너와 함께 하느니라 하시니라
이에 여호수아가 그 백성의 관리들에게 명령하여 이르되 진중에 두루 다니며 그 백성에게 명령하여 이르기를 양식을 준비하라 사흘 안에 너희가 이 요단을 건너 너희의 하나님 여호와께서 너희에게 주사 차지하게 하시는 땅을 차지하기 위하여 들어갈 것임이니라 하라

수 11:16-17
여호수아가 이같이 그 온 땅 곧 산지와 온 네겝과 고센 온 땅과 평지와 아라바와 이스라엘 산지와 평지를 점령하였으니 곧 세일로 올라가는 할락 산에서부터 헤르몬 산 아래 레바논 골짜기의 바알갓까지라 그들의 왕들을 모두 잡아 쳐죽였으며

수 11:23
이와 같이 여호수아가 여호와께서 모세에게 말씀하신 대로 그 온 땅을 점령하여 이스라엘 지파의 구분에 따라 기업으로 주매 그 땅에 전쟁이 그쳤더라

수 14:1-5
이것은 이스라엘 자손이 가나안 땅에서 받은 기업 곧 제사장 엘르아살과

눈의 아들 여호수아와 이스라엘 자손 지파의 족장들이 분배한 것이니라 여호와께서 모세에게 명령하신 대로 그들의 기업을 제비 뽑아 아홉 지파와 반 지파에게 주었으니
이는 두 지파와 반 지파의 기업은 모세가 요단 저쪽에서 주었음이요 레위 자손에게는 그들 가운데에서 기업을 주지 아니하였으니 이는 요셉의 자손이 므낫세와 에브라임의 두 지파가 되었음이라 이 땅에서 레위 사람에게 아무 분깃도 주지 아니하고 다만 거주할 성읍들과 가축과 재산을 위한 목초지만 주었으니 이스라엘 자손이 여호와께서 모세에게 명령하신 것과 같이 행하여 그 땅을 나누었더라

수 14:7-9
내 나이 사십 세에 여호와의 종 모세가 가데스 바네아에서 나를 보내어 이 땅을 정탐하게 하였으므로 내가 성실한 마음으로 그에게 보고하였고 나와 함께 올라갔던 내 형제들은 백성의 간담을 녹게 하였으나
나는 내 하나님 여호와께 충성하였으므로 그 날에 모세가 맹세하여 이르되 네가 내 하나님 여호와께 충성하였은즉 네 발로 밟는 땅은 영원히 너와 네 자손의 기업이 되리라 하였나이다

수 14:13-15
여호수아가 여분네의 아들 갈렙을 위하여 축복하고 헤브론을 그에게 주어 기업을 삼게 하매 헤브론이 그니스 사람 여분네의 아들 갈렙의 기업이 되어 오늘까지 이르렀으니 이는 그가 이스라엘의 하나님 여호와를 온전히 좇았음이라
헤브론의 옛 이름은 기럇 아르바라 아르바는 아낙 사람 가운데에서 가장 큰 사람이었더라 그리고 그 땅에 전쟁이 그쳤더라

수 15-19

(여호수아가 이스라엘을 이끌고 정복한 땅의 묘사)

수 18:21-22, 28

베냐민 자손의 지파가 그들의 가족대로 받은 성읍들은 여리고와 벧 호글라와 에멕 그시스와 벧 아라바와 스마라임과 벧엘과…
셀라와 엘렙과 여부스 곧 예루살렘과 기부앗과 기럇이니 열네 성읍이요 또 그 마을들이라 이는 베냐민 자손이 그들의 가족대로 받은 기업이었더라

수 20:7

이에 그들이 납달리의 산지 갈릴리 게데스와 에브라임 산지의 세겜과 유다 산지의 기럇 아르바 곧 헤브론과

수 21:9-12

유다 자손의 지파와 시므온 자손의 지파 중에서는 이 아래에 기명한 성읍들을 주었는데 레위 자손 중 그핫 가족들에 속한 아론 자손이 첫째로 제비 뽑혔으므로 아낙의 아버지 아르바의 성읍 유다 산지 기럇 아르바 곧 헤브론과 그 주위의 목초지를 그들에게 주었고 그 성읍의 밭과 그 촌락들은 여분네의 아들 갈렙에게 주어 소유가 되게 하였더라

수 21:20-21

레위 사람인 그핫 자손 중에 남은 자들의 가족들 곧 그핫 자손에게는 제비 뽑아 에브라임 지파 중에서 그 성읍들을 주었으니 곧 살인자의 도피성 에브라임 산지 세겜과 그 목초지이요 또 게셀과 그 목초지와

수 24:1-27

여호수아가 이스라엘 모든 지파를 세겜에 모으고 이스라엘 장로들과 그들의 수령들과 재판장들과 관리들을 부르매 그들이 하나님 앞에 나와 선지라

여호수아가 모든 백성에게 이르되 이스라엘의 하나님 여호와께서 이같이 말씀하시기를 옛적에 너희의 조상들 곧 아브라함의 아버지, 나홀의 아버지 데라가 강 저쪽에 거주하여 다른 신들을 섬겼으나 내가 너희의 조상 아브라함을 강 저쪽에서 이끌어 내어 가나안 온 땅에 두루 행하게 하고 그의 씨를 번성하게 하려고 그에게 이삭을 주었으며 이삭에게는 야곱과 에서를 주었고 에서에게는 세일 산을 소유로 주었으나 야곱과 그의 자손들은 애굽으로 내려갔으므로 내가 모세와 아론을 보내었고 또 애굽에 재앙을 내렸나니 곧 내가 그들 가운데 행한 것과 같고 그 후에 너희를 인도하여 내었노라

내가 너희의 조상들을 애굽에서 인도하여 내어 바다에 이르게 한즉 애굽 사람들이 병거와 마병을 거느리고 너희의 조상들을 홍해까지 쫓아오므로 너희의 조상들이 나 여호와께 부르짖기로 내가 너희와 애굽 사람들 사이에 흑암을 두고 바다를 이끌어 그들을 덮었나니 내가 애굽에서 행한 일을 너희의 눈이 보았으며 또 너희가 많은 날을 광야에서 거주하였느니라

내가 또 너희를 인도하여 요단 저쪽에 거주하는 아모리 족속의 땅으로 들어가게 하매 그들이 너희와 싸우기로 내가 그들을 너희 손에 넘겨 주매 너희가 그 땅을 점령하였고 나는 그들을 너희 앞에서 멸절시켰으며

또한 모압 왕 십볼의 아들 발락이 일어나 이스라엘과 싸우더니 사람을 보내어 브올의 아들 발람을 불러다가 너희를 저주하게 하려 하였으나 내가 발람을 위해 듣기를 원하지 아니하였으므로 그가 오히려 너희를 축복하였고 나는 너희를 그의 손에서 건져내었으며

너희가 요단을 건너 여리고에 이른즉 여리고 주민들 곧 아모리 족속과 브리스 족속과 가나안 족속과 헷 족속과 기르가스 족속과 히위 족속과 여부

스 족속이 너희와 싸우기로 내가 그들을 너희의 손에 넘겨 주었으며
내가 왕벌을 너희 앞에 보내어 그 아모리 족속의 두 왕을 너희 앞에서 쫓아내게 하였나니 너희의 칼이나 너희의 활로써 이같이 한 것이 아니며 내가 또 너희가 수고하지 아니한 땅과 너희가 건설하지 아니한 성읍들을 너희에게 주었더니 너희가 그 가운데에 거주하며 너희는 또 너희가 심지 아니한 포도원과 감람원의 열매를 먹는다 하셨느니라
그러므로 이제는 여호와를 경외하며 온전함과 진실함으로 그를 섬기라 너희의 조상들이 강 저쪽과 애굽에서 섬기던 신들을 치워 버리고 여호와만 섬기라
만일 여호와를 섬기는 것이 너희에게 좋지 않게 보이거든 너희 조상들이 강 저쪽에서 섬기던 신들이든지 또는 너희가 거주하는 땅에 있는 아모리 족속의 신들이든지 너희가 섬길 자를 오늘 택하라
오직 나와 내 집은 여호와를 섬기겠노라 하니 백성이 대답하여 이르되 우리가 결단코 여호와를 버리고 다른 신들을 섬기기를 하지 아니하오리니 이는 우리 하나님 여호와께서 친히 우리와 우리 조상들을 인도하여 애굽 땅 종 되었던 집에서 올라오게 하시고 우리 목전에서 그 큰 이적들을 행하시고 우리가 행한 모든 길과 우리가 지나온 모든 백성들 중에서 우리를 보호하셨음이며 여호와께서 또 모든 백성들과 이 땅에 거주하던 아모리 족속을 우리 앞에서 쫓아내셨음이라 그러므로 우리도 여호와를 섬기리니 그는 우리 하나님이심이니이다 하니라
여호수아가 백성에게 이르되 너희가 여호와를 능히 섬기지 못할 것은 그는 거룩하신 하나님이시요 질투하시는 하나님이시니 너희의 잘못과 죄들을 사하지 아니하실 것임이라
만일 너희가 여호와를 버리고 이방 신들을 섬기면 너희에게 복을 내리신 후에라도 돌이켜 너희에게 재앙을 내리시고 너희를 멸하시리라 하니 백성이 여호수아에게 말하되 아니니이다 우리가 여호와를 섬기겠나이다 하는지라 여호수아가 백성에게 이르되 너희가 여호와를 택하고 그를 섬기리라

하였으니 스스로 증인이 되었느니라 하니 그들이 이르되 우리가 증인이 되었나이다 하더라
여호수아가 이르되 그러면 이제 너희 중에 있는 이방 신들을 치워 버리고 너희의 마음을 이스라엘의 하나님 여호와께로 향하라 하니 백성이 여호수아에게 말하되 우리 하나님 여호와를 우리가 섬기고 그의 목소리를 우리가 청종하리이다 하는지라
그 날에 여호수아가 세겜에서 백성과 더불어 언약을 맺고 그들을 위하여 율례와 법도를 제정하였더라 여호수아가 이 모든 말씀을 하나님의 율법책에 기록하고 큰 돌을 가져다가 거기 여호와의 성소 곁에 있는 상수리나무 아래에 세우고 모든 백성에게 이르되 보라 이 돌이 우리에게 증거가 되리니 이는 여호와께서 우리에게 하신 모든 말씀을 이 돌이 들었음이니라 그런즉 너희가 너희의 하나님을 부인하지 못하도록 이 돌이 증거가 되리라 하고

수 24:32
또 이스라엘 자손이 애굽에서 가져 온 요셉의 뼈를 세겜에 장사하였으니 이곳은 야곱이 백 크시타를 주고 세겜의 아버지 하몰의 자손들에게서 산 밭이라 그것이 요셉 자손의 기업이 되었더라

삿 2:1-2
여호와의 사자가 길갈에서부터 보김으로 올라와 말하되 내가 너희를 애굽에서 올라오게 하여 내가 너희의 조상들에게 맹세한 땅으로 들어가게 하였으며 또 내가 이르기를 내가 너희와 함께 한 언약을 영원히 어기지 아니하리니 너희는 이 땅의 주민과 언약을 맺지 말며 그들의 제단들을 헐라 하였거늘 너희가 내 목소리를 듣지 아니하였으니 어찌하여 그리하였느냐

삿 5:5
산들이 여호와 앞에서 진동하니 저 시내 산도 이스라엘의 하나님 여호와 앞에서 진동하였도다

룻 4:3-4, 9-10
보아스가 그 기업 무를 자에게 이르되 모압 지방에서 돌아온 나오미가 우리 형제 엘리멜렉의 소유지를 팔려 하므로 내가 여기 앉은 이들과 내 백성의 장로들 앞에서 그것을 사라고 네게 말하여 알게 하려 하였노라 만일 네가 무르려면 무르려니와 만일 네가 무르지 아니하려거든 내게 고하여 알게 하라 네 다음은 나요 그 외에는 무를 자가 없느니라 하니 그가 이르되 내가 무르리라 하는지라…
보아스가 장로들과 모든 백성에게 이르되 내가 엘리멜렉과 기론과 말론에게 있던 모든 것을 나오미의 손에서 산 일에 너희가 오늘 증인이 되었고 또 말론의 아내 모압 여인 룻을 사서 나의 아내로 맞이하고 그 죽은 자의 기업을 그의 이름으로 세워 그의 이름이 그의 형제 중과 그 곳 성문에서 끊어지지 아니하게 함에 너희가 오늘 증인이 되었느니라 하니

삼상 18:3
요나단은 다윗을 자기 생명 같이 사랑하여 더불어 언약을 맺었으며

삼상 20:8
그런즉 바라건대 네 종에게 인자하게 행하라 네가 네 종에게 여호와 앞에서 너와 맹약하게 하였음이니라 그러나 내게 죄악이 있으면 네가 친히 나를 죽이라 나를 네 아버지에게로 데려갈 이유가 무엇이냐 하니라

삼하 23:5
내 집이 하나님 앞에 이같지 아니하냐 하나님이 나와 더불어 영원한 언약

을 세우사 만사에 구비하고 견고하게 하셨으니 나의 모든 구원과 나의 모든 소원을 어찌 이루지 아니하시랴

삼하 24:16-23
천사가 예루살렘을 향하여 그의 손을 들어 멸하려 하더니 여호와께서 이 재앙 내리심을 뉘우치사 백성을 멸하는 천사에게 이르시되 족하다 이제는 네 손을 거두라 하시니 여호와의 사자가 여부스 사람 아라우나의 타작 마당 곁에 있는지라 다윗이 백성을 치는 천사를 보고 곧 여호와께 아뢰어 이르되 나는 범죄하였고 악을 행하였거니와 이 양 무리는 무엇을 행하였나이까 청하건대 주의 손으로 나와 내 아버지의 집을 치소서 하니라
이 날에 갓이 다윗에게 이르러 그에게 아뢰되 올라가서 여부스 사람 아라우나의 타작 마당에서 여호와를 위하여 제단을 쌓으소서 하매 다윗이 여호와께서 명령하신 바 갓의 말대로 올라가니라 아라우나가 바라보다가 왕과 그의 부하들이 자기를 향하여 건너옴을 보고 나가서 왕 앞에서 얼굴을 땅에 대고 절하며 이르되 어찌하여 내 주 왕께서 종에게 임하시나이까 하니
다윗이 이르되 네게서 타작 마당을 사서 여호와께 제단을 쌓아 백성에게 내리는 재앙을 그치게 하려 함이라 하는지라 아라우나가 다윗에게 아뢰되 원하건대 내 주 왕은 좋게 여기시는 대로 취하여 드리소서 번제에 대하여는 소가 있고 땔 나무에 대하여는 마당질 하는 도구와 소의 멍에가 있나이다 왕이여 아라우나가 이것을 다 왕께 드리나이다 하고 또 왕께 아뢰되 왕의 하나님 여호와께서 왕을 기쁘게 받으시기를 원하나이다

삼하 24:24-25
왕이 아라우나에게 이르되 그렇지 아니하다 내가 값을 주고 네게서 사리라 값 없이는 내 하나님 여호와께 번제를 드리지 아니하리라 하고 다윗이 은 오십 세겔로 타작 마당과 소를 사고 그 곳에서 여호와를 위하여 제단을

쌓고 번제와 화목제를 드렸더니 이에 여호와께서 그 땅을 위한 기도를 들으시매 이스라엘에게 내리는 재앙이 그쳤더라

왕상 8:23
이르되 이스라엘의 하나님 여호와여 위로 하늘과 아래로 땅에 주와 같은 신이 없나이다 주께서는 온 마음으로 주의 앞에서 행하는 종들에게 언약을 지키시고 은혜를 베푸시나이다

왕상 11:11
여호와께서 솔로몬에게 말씀하시되 네게 이러한 일이 있었고 또 네가 내 언약과 내가 네게 명령한 법도를 지키지 아니하였으니 내가 반드시 이 나라를 네게서 빼앗아 네 신하에게 주리라

왕하 13:23
여호와께서 아브라함과 이삭과 야곱과 더불어 세우신 언약 때문에 이스라엘에게 은혜를 베풀며 그들을 불쌍히 여기시며 돌보사 멸하기를 즐겨하지 아니하시고 이 때까지 자기 앞에서 쫓아내지 아니하셨더라

왕하 17:15
여호와의 율례와 여호와께서 그들의 조상들과 더불어 세우신 언약과 경계하신 말씀을 버리고 허무한 것을 뒤따라 허망하며 또 여호와께서 명령하사 따르지 말라 하신 사방 이방 사람을 따라

왕하 23:3
왕이 단 위에 서서 여호와 앞에서 언약을 세우되 마음을 다하고 뜻을 다하여 여호와께 순종하고 그의 계명과 법도와 율례를 지켜 이 책에 기록된 이 언약의 말씀을 이루게 하리라 하매 백성이 다 그 언약을 따르기로 하니라

대상 16:15-18

너희는 그의 언약 곧 천 대에 명령하신 말씀을 영원히 기억할지어다 이것은 아브라함에게 하신 언약이며 이삭에게 하신 맹세이며 이는 야곱에게 세우신 율례 곧 이스라엘에게 하신 영원한 언약이라 이르시기를 내가 가나안 땅을 네게 주어 너희 기업의 지경이 되게 하리라 하셨도다

대상 22:1

다윗이 이르되 이는 여호와 하나님의 성전이요 이는 이스라엘의 번제단이라 하였더라

대하 3:1

솔로몬이 예루살렘 모리아 산에 여호와의 전 건축하기를 시작하니 그 곳은 전에 여호와께서 그의 아버지 다윗에게 나타나신 곳이요 여부스 사람 오르난의 타작 마당에 다윗이 정한 곳이라

대하 6:14

이르되 이스라엘의 하나님 여호와여 천지에 주와 같은 신이 없나이다 주께서는 온 마음으로 주의 앞에서 행하는 주의 종들에게 언약을 지키시고 은혜를 베푸시나이다

대하 13:5

이스라엘 하나님 여호와께서 소금 언약으로 이스라엘 나라를 영원히 다윗과 그의 자손에게 주신 것을 너희가 알 것 아니냐

대하 21:7

여호와께서 다윗의 집을 멸하기를 즐겨하지 아니하셨음은 이전에 다윗과 더불어 언약을 세우시고 또 다윗과 그의 자손에게 항상 등불을 주겠다고 말씀하셨음이더라

대하 34:31

왕이 자기 처소에 서서 여호와 앞에서 언약을 세우되 마음을 다하고 목숨을 다하여 여호와를 순종하고 그의 계명과 법도와 율례를 지켜 이 책에 기록된 언약의 말씀을 이루리라 하고

느 1:5

이르되 하늘의 하나님 여호와 크고 두려우신 하나님이여 주를 사랑하고 주의 계명을 지키는 자에게 언약을 지키시며 긍휼을 베푸시는 주여 간구하나이다

느 9:8

그의 마음이 주 앞에서 충성됨을 보시고 그와 더불어 언약을 세우사 가나안 족속과 헷 족속과 아모리 족속과 브리스 족속과 여부스 족속과 기르가스 족속의 땅을 그의 씨에게 주리라 하시더니 그 말씀대로 이루셨사오매 주는 의로우심이로소이다

느 9:32

우리 하나님이여 광대하시고 능하시고 두려우시며 언약과 인자하심을 지키시는 하나님이여 우리와 우리 왕들과 방백들과 제사장들과 선지자들과 조상들과 주의 모든 백성이 앗수르 왕들의 때로부터 오늘까지 당한 모든 환난을 이제 작게 여기지 마옵소서

시 25:12-14

여호와를 경외하는 자 누구냐 그가 택할 길을 그에게 가르치시리로다 그의 영혼은 평안히 살고 그의 자손은 땅을 상속하리로다 여호와의 친밀하심이 그를 경외하는 자들에게 있음이여 그의 언약을 그들에게 보이시리로다

시 37:22
주의 복을 받은 자들은 땅을 차지하고 주의 저주를 받은 자들은 끊어지리로다

시 37:34
여호와를 바라고 그의 도를 지키라 그리하면 네가 땅을 차지하게 하실 것이라 악인이 끊어질 때에 네가 똑똑히 보리로다

시 39:12
여호와여 나의 기도를 들으시며 나의 부르짖음에 귀를 기울이소서 내가 눈물 흘릴 때에 잠잠하지 마옵소서 나는 주와 함께 있는 나그네이며 나의 모든 조상들처럼 떠도나이다

시 50:5
이르시되 나의 성도들을 내 앞에 모으라 그들은 제사로 나와 언약한 이들이니라 하시도다

시 50:16
악인에게는 하나님이 이르시되 네가 어찌하여 내 율례를 전하며 내 언약을 네 입에 두느냐

시 69:35-36
하나님이 시온을 구원하시고 유다 성읍들을 건설하시리니 무리가 거기에 살며 소유를 삼으리로다 그의 종들의 후손이 또한 이를 상속하고 그의 이름을 사랑하는 자가 그 중에 살리로다

시 74:20
그 언약을 눈여겨 보소서 무릇 땅의 어두운 곳에 포악한 자의 처소가 가득하나이다

시 78:55
또 나라를 그들의 앞에서 쫓아내시며 줄을 쳐서 그들의 소유를 분배하시고 이스라엘의 지파들이 그들의 장막에 살게 하셨도다

시 87:1-7
그의 터전이 성산에 있음이여 여호와께서 야곱의 모든 거처보다 시온의 문들을 사랑하시는도다 하나님의 성이여 너를 가리켜 영광스럽다 말하는도다 (셀라)
나는 라합과 바벨론이 나를 아는 자 중에 있다 말하리라 보라 블레셋과 두로와 구스여 이것들도 거기서 났다 하리로다 시온에 대하여 말하기를 이 사람, 저 사람이 거기서 났다고 말하리니 지존자가 친히 시온을 세우리라 하는도다
여호와께서 민족들을 등록하실 때에는 그 수를 세시며 이 사람이 거기서 났다 하시리로다 (셀라) 노래하는 자와 뛰어 노는 자들이 말하기를 나의 모든 근원이 네게 있다 하리로다

시 89:28
그를 위하여 나의 인자함을 영원히 지키고 그와 맺은 나의 언약을 굳게 세우며

시 89:3-4
주께서 이르시되 나는 내가 택한 자와 언약을 맺으며 내 종 다윗에게 맹세하기를 내가 네 자손을 영원히 견고히 하며 네 왕위를 대대에 세우리라 하셨나이다 (셀라)

시 89:34
내 언약을 깨뜨리지 아니하고 내 입술에서 낸 것은 변하지 아니하리로다

시 103:17-18
여호와의 인자하심은 자기를 경외하는 자에게 영원부터 영원까지 이르며 그의 의는 자손의 자손에게 이르리니 곧 그의 언약을 지키고 그의 법도를 기억하여 행하는 자에게로다

시 105:8-11
그는 그의 언약 곧 천 대에 걸쳐 명령하신 말씀을 영원히 기억하셨으니 이것은 아브라함과 맺은 언약이고 이삭에게 하신 맹세이며 야곱에게 세우신 율례 곧 이스라엘에게 하신 영원한 언약이라 이르시기를 내가 가나안 땅을 네게 주어 너희에게 할당된 소유가 되게 하리라 하셨도다

시 105:42-44
이는 그의 거룩한 말씀과 그의 종 아브라함을 기억하셨음이로다 그의 백성이 즐겁게 나오게 하시며 그의 택한 자는 노래하며 나오게 하시고 여러 나라의 땅을 그들에게 주시며 민족들이 수고한 것을 소유로 가지게 하셨으니

시 106:45
그들을 위하여 그의 언약을 기억하시고 그 크신 인자하심을 따라 뜻을 돌이키사

시 111:5-7, 9
여호와께서 자기를 경외하는 자들에게 양식을 주시며 그의 언약을 영원히 기억하시리로다 그가 그들에게 뭇 나라의 기업을 주사 그가 행하시는 일

의 능력을 그들에게 알리셨도다 그의 손이 하는 일은 진실과 정의이며 그의 법도는 다 확실하니…
여호와께서 그의 백성을 속량하시며 그의 언약을 영원히 세우셨으니 그의 이름이 거룩하고 지존하시도다

시 135:12
그들의 땅을 기업으로 주시되 자기 백성 이스라엘에게 기업으로 주셨도다

시 136:21-22
그들의 땅을 기업으로 주신 이에게 감사하라 그 인자하심이 영원함이로다 곧 그 종 이스라엘에게 기업으로 주신 이에게 감사하라 그 인자하심이 영원함이로다

사 2:2
말일에 여호와의 전의 산이 모든 산 꼭대기에 굳게 설 것이요 모든 작은 산 위에 뛰어나리니 만방이 그리로 모여들 것이라

사 19:19-25
그 날에 애굽 땅 중앙에는 여호와를 위하여 제단이 있겠고 그 변경에는 여호와를 위하여 기둥이 있을 것이요 이것이 애굽 땅에서 만군의 여호와를 위하여 징조와 증거가 되리니 이는 그들이 그 압박하는 자들로 말미암아 여호와께 부르짖겠고 여호와께서는 그들에게 한 구원자이자 보호자를 보내사 그들을 건지실 것임이라
여호와께서 자기를 애굽에 알게 하시리니 그 날에 애굽이 여호와를 알고 제물과 예물을 그에게 드리고 경배할 것이요 여호와께 서원하고 그대로 행하리라
여호와께서 애굽을 치실지라도 치시고는 고치실 것이므로 그들이 여호와

께로 돌아올 것이라 여호와께서 그들의 간구함을 들으시고 그들을 고쳐 주시리라
그 날에 애굽에서 앗수르로 통하는 대로가 있어 앗수르 사람은 애굽으로 가겠고 애굽 사람은 앗수르로 갈 것이며 애굽 사람이 앗수르 사람과 함께 경배하리라
그 날에 이스라엘이 애굽 및 앗수르와 더불어 셋이 세계 중에 복이 되리니 이는 만군의 여호와께서 복 주시며 이르시되 내 백성 애굽이여, 내 손으로 지은 앗수르여, 나의 기업 이스라엘이여, 복이 있을지어다 하실 것임이라

사 42:6-7
나 여호와가 의로 너를 불렀은즉 내가 네 손을 잡아 너를 보호하며 너를 세워 백성의 언약과 이방의 빛이 되게 하리니 네가 눈먼 자들의 눈을 밝히며 갇힌 자를 감옥에서 이끌어 내며 흑암에 앉은 자를 감방에서 나오게 하리라

사 49:8-9
여호와께서 이같이 이르시되 은혜의 때에 내가 네게 응답하였고 구원의 날에 내가 너를 도왔도다 내가 장차 너를 보호하여 너를 백성의 언약으로 삼으며 나라를 일으켜 그들에게 그 황무하였던 땅을 기업으로 상속하게 하리라
내가 잡혀 있는 자에게 이르기를 나오라 하며 흑암에 있는 자에게 나타나라 하리라 그들이 길에서 먹겠고 모든 헐벗은 산에도 그들의 풀밭이 있을 것인즉

사 51:1-3
의를 따르며 여호와를 찾아 구하는 너희는 내게 들을지어다 너희를 떠낸 반석과 너희를 파낸 우묵한 구덩이를 생각하여 보라 너희의 조상 아브라

함과 너희를 낳은 사라를 생각하여 보라 아브라함이 혼자 있을 때에 내가 그를 부르고 그에게 복을 주어 창성하게 하였느니라
나 여호와가 시온의 모든 황폐한 곳들을 위로하여 그 사막을 에덴 같게, 그 광야를 여호와의 동산 같게 하였나니 그 가운데에 기뻐함과 즐거워함과 감사함과 창화하는 소리가 있으리라

사 54:2-3
네 장막터를 넓히며 네 처소의 휘장을 아끼지 말고 널리 펴되 너의 줄을 길게 하며 너의 말뚝을 견고히 할지어다 이는 네가 좌우로 퍼지며 네 자손은 열방을 얻으며 황폐한 성읍들을 사람 살 곳이 되게 할 것임이라

사 54:10
산들이 떠나며 언덕들은 옮겨질지라도 나의 자비는 네게서 떠나지 아니하며 나의 화평의 언약은 흔들리지 아니하리라 너를 긍휼히 여기시는 여호와께서 말씀하셨느니라

사 55:3
너희는 귀를 기울이고 내게로 나아와 들으라 그리하면 너희의 영혼이 살리라 내가 너희를 위하여 영원한 언약을 맺으리니 곧 다윗에게 허락한 확실한 은혜이니라

사 56:4-5
여호와께서 이와 같이 말씀하시기를 나의 안식일을 지키며 내가 기뻐하는 일을 선택하며 나의 언약을 굳게 잡는 고자들에게는 내가 내 집에서, 내 성 안에서 아들이나 딸보다 나은 기념물과 이름을 그들에게 주며 영원한 이름을 주어 끊어지지 아니하게 할 것이며

사 56:6-7
또 여호와와 연합하여 그를 섬기며 여호와의 이름을 사랑하며 그의 종이 되며 안식일을 지켜 더럽히지 아니하며 나의 언약을 굳게 지키는 이방인마다 내가 곧 그들을 나의 성산으로 인도하여 기도하는 내 집에서 그들을 기쁘게 할 것이며 그들의 번제와 희생을 나의 제단에서 기꺼이 받게 되리니 이는 내 집은 만민이 기도하는 집이라 일컬음이 될 것임이라

사 59:21
여호와께서 이르시되 내가 그들과 세운 나의 언약이 이러하니 곧 네 위에 있는 나의 영과 네 입에 둔 나의 말이 이제부터 영원하도록 네 입에서와 네 후손의 입에서와 네 후손의 후손의 입에서 떠나지 아니하리라 하시니라 여호와의 말씀이니라

사 61:8
무릇 나 여호와는 정의를 사랑하며 불의의 강탈을 미워하여 성실히 그들에게 갚아 주고 그들과 영원한 언약을 맺을 것이라

사 62:4-5
다시는 너를 버림 받은 자라 부르지 아니하며 다시는 네 땅을 황무지라 부르지 아니하고 오직 너를 헵시바라 하며 네 땅을 쁄라라 하리니
이는 여호와께서 너를 기뻐하실 것이며 네 땅이 결혼한 것처럼 될 것임이라 마치 청년이 처녀와 결혼함 같이 네 아들들이 너를 취하겠고 신랑이 신부를 기뻐함 같이 네 하나님이 너를 기뻐하시리라

사 65:9
내가 야곱에게서 씨를 내며 유다에게서 나의 산들을 기업으로 얻을 자를 내리니 내가 택한 자가 이를 기업으로 얻을 것이요 나의 종들이 거기에 살 것이라

렘 14:21
주의 이름을 위하여 우리를 미워하지 마옵소서 주의 영광의 보좌를 욕되게 마옵소서 주께서 우리와 세우신 언약을 기억하시고 폐하지 마옵소서

렘 16:15
이스라엘 자손을 북방 땅과 그 쫓겨 났던 모든 나라에서 인도하여 내신 여호와께서 살아 계심을 두고 맹세하리라 내가 그들을 그들의 조상들에게 준 그들의 땅으로 인도하여 들이리라

렘 30:3
여호와의 말씀이니라 보라 내가 내 백성 이스라엘과 유다의 포로를 돌아가게 할 날이 오리니 내가 그들을 그 조상들에게 준 땅으로 돌아오게 할 것이니 그들이 그 땅을 차지하리라 여호와께서 말씀하시니라

렘 31:5
네가 다시 사마리아 산들에 포도나무들을 심되 심는 자가 그 열매를 따기 시작하리라

렘 31:30-34
신 포도를 먹는 자마다 그의 이가 신 것 같이 누구나 자기의 죄악으로 말미암아 죽으리라
여호와의 말씀이니라 보라 날이 이르리니 내가 이스라엘 집과 유다 집에 새 언약을 맺으리라 이 언약은 내가 그들의 조상들의 손을 잡고 애굽 땅에서 인도하여 내던 날에 맺은 것과 같지 아니할 것은 내가 그들의 남편이 되었어도 그들이 내 언약을 깨뜨렸음이라 여호와의 말씀이니라
그러나 그 날 후에 내가 이스라엘 집과 맺을 언약은 이러하니 곧 내가 나의 법을 그들의 속에 두며 그들의 마음에 기록하여 나는 그들의 하나님이

되고 그들은 내 백성이 될 것이라 여호와의 말씀이니라
그들이 다시는 각기 이웃과 형제를 가르쳐 이르기를 너는 여호와를 알라 하지 아니하리니 이는 작은 자로부터 큰 자까지 다 나를 알기 때문이라 내가 그들의 악행을 사하고 다시는 그 죄를 기억하지 아니하리라 여호와의 말씀이니라

렘 32:6-8
예레미야가 이르되 여호와의 말씀이 내게 임하였느니라 이르시기를 보라 네 숙부 살룸의 아들 하나멜이 네게 와서 말하기를 너는 아나돗에 있는 내 밭을 사라 이 기업을 무를 권리가 네게 있느니라 하리라 하시더니
여호와의 말씀과 같이 나의 숙부의 아들 하나멜이 시위대 뜰 안 나에게 와서 이르되 청하노니 너는 베냐민 땅 아나돗에 있는 나의 밭을 사라 기업의 상속권이 네게 있고 무를 권리가 네게 있으니 너를 위하여 사라 하는지라 내가 이것이 여호와의 말씀인 줄 알았으므로

렘 32:22
그들에게 주시기로 그 조상들에게 맹세하신 바 젖과 꿀이 흐르는 땅을 그들에게 주셨으므로

렘 32:40-41
내가 그들에게 복을 주기 위하여 그들을 떠나지 아니하리라 하는 영원한 언약을 그들에게 세우고 나를 경외함을 그들의 마음에 두어 나를 떠나지 않게 하고 내가 기쁨으로 그들에게 복을 주되 분명히 나의 마음과 정성을 다하여 그들을 이 땅에 심으리라

렘 33:8
내가 그들을 내게 범한 그 모든 죄악에서 정하게 하며 그들이 내게 범하며 행한 모든 죄악을 사할 것이라

렘 33:10-11

여호와께서 이와 같이 말씀하시니라 너희가 가리켜 말하기를 황폐하여 사람도 없고 짐승도 없다 하던 여기 곧 황폐하여 사람도 없고 주민도 없고 짐승도 없던 유다 성읍들과 예루살렘 거리에서 즐거워하는 소리, 기뻐하는 소리, 신랑의 소리, 신부의 소리와 및 만군의 여호와께 감사하라, 여호와는 선하시니 그 인자하심이 영원하다 하는 소리와 여호와의 성전에 감사제를 드리는 자들의 소리가 다시 들리리니 이는 내가 이 땅의 포로를 돌려보내어 지난 날처럼 되게 할 것임이라 여호와의 말씀이니라

렘 33:20-21

여호와께서 이와 같이 말씀하시니라 너희가 능히 낮에 대한 나의 언약과 밤에 대한 나의 언약을 깨뜨려 주야로 그 때를 잃게 할 수 있을진대 내 종 다윗에게 세운 나의 언약도 깨뜨려 그에게 그의 자리에 앉아 다스릴 아들이 없게 할 수 있겠으며 내가 나를 섬기는 레위인 제사장에게 세운 언약도 파할 수 있으리라

렘 33:25-26

여호와께서 이와 같이 말씀하시니라 내가 주야와 맺은 언약이 없다든지 천지의 법칙을 내가 정하지 아니하였다면 야곱과 내 종 다윗의 자손을 버리고 다시는 다윗의 자손 중에서 아브라함과 이삭과 야곱의 자손을 다스릴 자를 택하지 아니하리라
내가 그 포로된 자를 돌아오게 하고 그를 불쌍히 여기리라

렘 50:5

그들이 그 얼굴을 시온으로 향하여 그 길을 물으며 말하기를 너희는 오라 잊을 수 없는 영원한 언약으로 여호와와 연합하라 하리라

겔 16:8

내가 네 곁으로 지나며 보니 네 때가 사랑을 할 만한 때라 내 옷으로 너를 덮어 벌거벗은 것을 가리고 네게 맹세하고 언약하여 너를 내게 속하게 하였느니라 나 주 여호와의 말이니라

겔 16:59-63

나 주 여호와가 이같이 말하노라 네가 맹세를 멸시하여 언약을 배반하였은즉 내가 네 행한 대로 네게 행하리라
그러나 내가 너의 어렸을 때에 너와 세운 언약을 기억하고 너와 영원한 언약을 세우리라 네가 네 형과 아우를 접대할 때에 네 행위를 기억하고 부끄러워할 것이라 내가 그들을 네게 딸로 주려니와 네 언약으로 말미암음이 아니니라 내가 네게 내 언약을 세워 내가 여호와인 줄 네가 알게 하리니 이는 내가 네 모든 행한 일을 용서한 후에 네가 기억하고 놀라고 부끄러워서 다시는 입을 열지 못하게 하려 함이니라 주 여호와의 말씀이니라

겔 20:37-38

내가 너희를 막대기 아래로 지나가게 하며 언약의 줄로 매려니와 너희 가운데에서 반역하는 자와 내게 범죄하는 자를 모두 제하여 버릴지라 그들을 그 머물러 살던 땅에서는 나오게 하여도 이스라엘 땅에는 들어가지 못하게 하리니 너희가 나는 여호와인 줄을 알리라

겔 28:25

주 여호와께서 이같이 말씀하셨느니라 내가 여러 민족 가운데에 흩어져 있는 이스라엘 족속을 모으고 그들로 말미암아 여러 나라의 눈 앞에서 내 거룩함을 나타낼 때에 그들이 고국 땅 곧 내 종 야곱에게 준 땅에 거주할지라

겔 34:13-14
내가 그것들을 만민 가운데에서 끌어내며 여러 백성 가운데에서 모아 그 본토로 데리고 가서 이스라엘 산 위에와 시냇가에와 그 땅 모든 거주지에서 먹이되 좋은 꼴을 먹이고 그 우리를 이스라엘 높은 산에 두리니 그것들이 그 곳에 있는 좋은 우리에 누워 있으며 이스라엘 산에서 살진 꼴을 먹으리라

겔 34:25
내가 또 그들과 화평의 언약을 맺고 악한 짐승을 그 땅에서 그치게 하리니 그들이 빈 들에 평안히 거하며 수풀 가운데에서 잘지라

겔 36
인자야 너는 이스라엘 산들에게 예언하여 이르기를 이스라엘 산들아 여호와의 말씀을 들으라 주 여호와께서 이같이 말씀하시기를 원수들이 네게 대하여 말하기를 아하 옛적 높은 곳이 우리의 기업이 되었도다 하였느니라 그러므로 너는 예언하여 이르기를 주 여호와께서 이같이 말씀하시기를 그들이 너희를 황폐하게 하고 너희 사방을 삼켜 너희가 남은 이방인의 기업이 되게 하여 사람의 말거리와 백성의 비방거리가 되게 하였도다
그러므로 이스라엘 산들아 주 여호와의 말씀을 들을지어다 산들과 멧부리들과 시내들과 골짜기들과 황폐한 사막들과 사방에 남아 있는 이방인의 노략거리와 조롱거리가 된 버린 성읍들에게 주 여호와께서 이같이 말씀하셨느니라
주 여호와께서 이같이 말씀하시기를 내가 진실로 내 맹렬한 질투로 남아 있는 이방인과 에돔 온 땅을 쳐서 말하였노니 이는 그들이 심히 즐거워하는 마음과 멸시하는 심령으로 내 땅을 빼앗아 노략하여 자기 소유를 삼았음이라
그러므로 너는 이스라엘 땅에 대하여 예언하되 그 산들과 멧부리들과 시

내들과 골짜기들에 관하여 이르기를 주 여호와께서 이같이 말씀하시기를 내가 내 질투와 내 분노로 말하였나니 이는 너희가 이방의 수치를 당하였음이라 그러므로 주 여호와께서 이같이 말씀하시기를 내가 맹세하였은즉 너희 사방에 있는 이방인이 자신들의 수치를 반드시 당하리라

그러나 너희 이스라엘 산들아 너희는 가지를 내고 내 백성 이스라엘을 위하여 열매를 맺으리니 그들이 올 때가 가까이 이르렀음이라 내가 돌이켜 너희와 함께 하리니 사람이 너희를 갈고 심을 것이며 내가 또 사람을 너희 위에 많게 하리니 이들은 이스라엘 온 족속이라 그들을 성읍들에 거주하게 하며 빈 땅에 건축하게 하리라 내가 너희 위에 사람과 짐승을 많게 하되 그들의 수가 많고 번성하게 할 것이라 너희 전 지위대로 사람이 거주하게 하여 너희를 처음보다 낫게 대우하리니 내가 여호와인 줄을 너희가 알리라

내가 사람을 너희 위에 다니게 하리니 그들은 내 백성 이스라엘이라 그들은 너를 얻고 너는 그 기업이 되어 다시는 그들이 자식들을 잃어버리지 않게 하리라 주 여호와께서 이같이 말씀하셨느니라 그들이 너희에게 이르기를 너는 사람을 삼키는 자요 네 나라 백성을 제거한 자라 하거니와 네가 다시는 사람을 삼키지 아니하며 다시는 네 나라 백성을 제거하지 아니하리라 주 여호와의 말씀이니라

내가 또 너를 여러 나라의 수치를 듣지 아니하게 하며 만민의 비방을 다시 받지 아니하게 하며 네 나라 백성을 다시 넘어뜨리지 아니하게 하리라 주 여호와의 말씀이니라 하셨다 하라

여호와의 말씀이 또 내게 임하여 이르시되 인자야 이스라엘 족속이 그들의 고국 땅에 거주할 때에 그들의 행위로 그 땅을 더럽혔나니 나 보기에 그 행위가 월경 중에 있는 여인의 부정함과 같았느니라 그들이 땅 위에 피를 쏟았으며 그 우상들로 말미암아 자신들을 더럽혔으므로 내가 분노를 그들 위에 쏟아 그들을 그 행위대로 심판하여 각국에 흩으며 여러 나라에 헤쳤더니 그들이 이른바 그 여러 나라에서 내 거룩한 이름이 그들로 말미

암아 더러워졌나니 곧 사람들이 그들을 가리켜 이르기를 이들은 여호와의 백성이라도 여호와의 땅에서 떠난 자라 하였음이라 그러나 이스라엘 족속이 들어간 그 여러 나라에서 더럽힌 내 거룩한 이름을 내가 아꼈노라

그러므로 너는 이스라엘 족속에게 이르기를 주 여호와께서 이같이 말씀하시기를 이스라엘 족속아 내가 이렇게 행함은 너희를 위함이 아니요 너희가 들어간 그 여러 나라에서 더럽힌 나의 거룩한 이름을 위함이라 여러 나라 가운데에서 더럽혀진 이름 곧 너희가 그들 가운데에서 더럽힌 나의 큰 이름을 내가 거룩하게 할지라 내가 그들의 눈 앞에서 너희로 말미암아 나의 거룩함을 나타내리니 내가 여호와인 줄을 여러 나라 사람이 알리라 주 여호와의 말씀이니라

내가 너희를 여러 나라 가운데에서 인도하여 내고 여러 민족 가운데에서 모아 데리고 고국 땅에 들어가서 맑은 물을 너희에게 뿌려서 너희로 정결하게 하되 곧 너희 모든 더러운 것에서와 모든 우상 숭배에서 너희를 정결하게 할 것이며 또 새 영을 너희 속에 두고 새 마음을 너희에게 주되 너희 육신에서 굳은 마음을 제거하고 부드러운 마음을 줄 것이며 또 내 영을 너희 속에 두어 너희로 내 율례를 행하게 하리니 너희가 내 규례를 지켜 행할지라 내가 너희 조상들에게 준 땅에서 너희가 거주하면서 내 백성이 되고 나는 너희 하나님이 되리라

내가 너희를 모든 더러운 데에서 구원하고 곡식이 풍성하게 하여 기근이 너희에게 닥치지 아니하게 할 것이며 또 나무의 열매와 밭의 소산을 풍성하게 하여 너희가 다시는 기근의 욕을 여러 나라에게 당하지 아니하게 하리니 그 때에 너희가 너희 악한 길과 너희 좋지 못한 행위를 기억하고 너희 모든 죄악과 가증한 일로 말미암아 스스로 밉게 보리라

주 여호와의 말씀이니라 내가 이렇게 행함은 너희를 위함이 아닌 줄을 너희가 알리라 이스라엘 족속아 너희 행위로 말미암아 부끄러워하고 한탄할지어다 주 여호와께서 이같이 말씀하셨느니라 내가 너희를 모든 죄악에서 정결하게 하는 날에 성읍들에 사람이 거주하게 하며 황폐한 것이 건축되

게 할 것인즉 전에는 지나가는 자의 눈에 황폐하게 보이던 그 황폐한 땅이 장차 경작이 될지라
사람이 이르기를 이 땅이 황폐하더니 이제는 에덴 동산 같이 되었고 황량하고 적막하고 무너진 성읍들에 성벽과 주민이 있다 하리니 너희 사방에 남은 이방 사람이 나 여호와가 무너진 곳을 건축하며 황폐한 자리에 심은 줄을 알리라 나 여호와가 말하였으니 이루리라
주 여호와께서 이같이 말씀하셨느니라 그래도 이스라엘 족속이 이같이 자기들에게 이루어 주기를 내게 구하여야 할지라 내가 그들의 수효를 양 떼 같이 많아지게 하되 제사 드릴 양 떼 곧 예루살렘이 정한 절기의 양 무리 같이 황폐한 성읍을 사람의 떼로 채우리라 그리한즉 그들이 나를 여호와 인 줄 알리라 하셨느니라

겔 37:22
그 땅 이스라엘 모든 산에서 그들이 한 나라를 이루어서 한 임금이 모두 다스리게 하리니 그들이 다시는 두 민족이 되지 아니하며 두 나라로 나누이지 아니할지라

겔 37:25-26
내가 내 종 야곱에게 준 땅 곧 그의 조상들이 거주하던 땅에 그들이 거주하되 그들과 그들의 자자 손손이 영원히 거기에 거주할 것이요 내 종 다윗이 영원히 그들의 왕이 되리라
내가 그들과 화평의 언약을 세워서 영원한 언약이 되게 하고 또 그들을 견고하고 번성하게 하며 내 성소를 그 가운데에 세워서 영원히 이르게 하리니

겔 38:8
여러 날 후 곧 말년에 네가 명령을 받고 그 땅 곧 오래 황폐하였던 이스라

엘 산에 이르리니 그 땅 백성은 칼을 벗어나서 여러 나라에서 모여 들어오며 이방에서 나와 다 평안히 거주하는 중이라

겔 43:7
그가 내게 이르시되 인자야 이는 내 보좌의 처소, 내 발을 두는 처소, 내가 이스라엘 족속 가운데에 영원히 있을 곳이라 이스라엘 족속 곧 그들과 그들의 왕들이 음행하며 그 죽은 왕들의 시체로 다시는 내 거룩한 이름을 더럽히지 아니하리라

겔 47:13-14
주 여호와께서 이같이 말씀하셨느니라 너희는 이 경계선대로 이스라엘 열두 지파에게 이 땅을 나누어 기업이 되게 하되 요셉에게는 두 몫이니라 내가 옛적에 내 손을 들어 맹세하여 이 땅을 너희 조상들에게 주겠다고 하였나니 너희는 공평하게 나누어 기업을 삼으라 이 땅이 너희의 기업이 되리라

겔 47:15-20
이 땅 경계선은 이러하니라 북쪽은 대해에서 헤들론 길을 거쳐 스닷 어귀까지니 곧 하맛과 브로다며 다메섹 경계선과 하맛 경계선 사이에 있는 시브라임과 하우란 경계선 곁에 있는 하셀핫디곤이라
그 경계선이 바닷가에서부터 다메섹 경계선에 있는 하살에논까지요 그 경계선이 또 북쪽 끝에 있는 하맛 경계선에 이르렀나니 이는 그 북쪽이요 동쪽은 하우란과 다메섹과 및 길르앗과 이스라엘 땅 사이에 있는 요단 강이니 북쪽 경계선에서부터 동쪽 바다까지 측량하라 이는 그 동쪽이요 남쪽은 다말에서부터 므리봇 가데스 물에 이르고 애굽 시내를 따라 대해에 이르나니 이는 그 남쪽이요 서쪽은 대해라 남쪽 경계선에서부터 맞은쪽 하맛 어귀까지 이르나니 이는 그 서쪽이니라

겔 47:21-23

그런즉 너희가 이스라엘 모든 지파대로 이 땅을 나누어 차지하라 너희는 이 땅을 나누되 제비 뽑아 너희와 너희 가운데에 머물러 사는 타국인 곧 너희 가운데에서 자녀를 낳은 자의 기업이 되게 할지니 너희는 그 타국인을 본토에서 난 이스라엘 족속 같이 여기고 그들도 이스라엘 지파 중에서 너희와 함께 기업을 얻게 하되 타국인이 머물러 사는 그 지파에서 그 기업을 줄지니라 주 여호와의 말씀이니라

겔 48:1-29

모든 지파의 이름은 이와 같으니라 북쪽 끝에서부터 헤들론 길을 거쳐 하맛 어귀를 지나서 다메섹 경계선에 있는 하살에논까지 곧 북쪽으로 하맛 경계선에 미치는 땅 동쪽에서 서쪽까지는 단의 몫이요 단 경계선 다음으로 동쪽에서 서쪽까지는 아셀의 몫이요 아셀 경계선 다음으로 동쪽에서 서쪽까지는 납달리의 몫이요 납달리 경계선 다음으로 동쪽에서 서쪽까지는 므낫세의 몫이요 므낫세 경계선 다음으로 동쪽에서 서쪽까지는 에브라임의 몫이요 에브라임 경계선 다음으로 동쪽에서 서쪽까지는 르우벤의 몫이요 르우벤 경계선 다음으로 동쪽에서 서쪽까지는 유다의 몫이요 유다 경계선 다음으로 동쪽에서 서쪽까지는 너희가 예물로 드릴 땅이라

너비는 이만 오천 척이요 길이는 다른 몫의 동쪽에서 서쪽까지와 같고 성소는 그 중앙에 있을지니 곧 너희가 여호와께 드려 예물로 삼을 땅의 길이는 이만 오천 척이요 너비는 만 척이라 이 드리는 거룩한 땅은 제사장에게 돌릴지니 북쪽으로 길이가 이만 오천 척이요 서쪽으로 너비는 만 척이요 동쪽으로 너비가 만 척이요 남쪽으로 길이가 이만 오천 척이라

그 중앙에 여호와의 성소가 있게 하고 이 땅을 사독의 자손 중에서 거룩하게 구별한 제사장에게 돌릴지어다 그들은 직분을 지키고 이스라엘 족속이 그릇될 때에 레위 사람이 그릇된 것처럼 그릇되지 아니하였느니라 땅의 예물 중에서 그들이 예물을 받을지니 레위인의 접경지에 관한 가장 거룩

한 예물이니라 제사장의 경계선을 따라 레위 사람의 몫을 주되 길이는 이만 오천 척이요 너비는 만 척으로 할지니 이 구역의 길이가 이만 오천 척이요 너비가 각기 만 척이라 그들이 그 땅을 팔지도 못하며 바꾸지도 못하며 그 땅의 처음 익은 열매를 남에게 주지도 못하리니 이는 여호와께 거룩히 구별한 것임이라

이 이만 오천 척 다음으로 너비 오천 척은 속된 땅으로 구분하여 성읍을 세우며 거주하는 곳과 전원을 삼되 성읍이 그 중앙에 있게 할지니 그 크기는 북쪽도 사천오백 척이요 남쪽도 사천오백 척이요 동쪽도 사천오백 척이요 서쪽도 사천오백 척이며 그 성읍의 들은 북쪽으로 이백오십 척이요 남쪽으로 이백오십 척이요 동쪽으로 이백오십 척이요 서쪽으로 이백오십 척이며 예물을 삼아 거룩히 구별할 땅과 연접하여 남아 있는 땅의 길이는 동쪽으로 만 척이요 서쪽으로 만 척이라 곧 예물을 삼아 거룩하게 구별할 땅과 연접하였으며 그 땅의 소산을 성읍에서 일하는 자의 양식을 삼을지라 이스라엘 모든 지파 가운데에 그 성읍에서 일하는 자는 그 땅을 경작할지니라 그런즉 예물로 드리는 땅의 합계는 길이도 이만 오천 척이요 너비도 이만 오천 척이라 너희가 거룩히 구별하여 드릴 땅은 성읍의 기지와 합하여 네모 반듯할 것이니라

거룩하게 구별할 땅과 성읍의 기지 좌우편에 남은 땅은 군주에게 돌릴지니 곧 거룩하게 구별할 땅의 동쪽을 향한 그 경계선 앞 이만 오천 척과 서쪽을 향한 그 경계선 앞 이만 오천 척이라 다른 몫들과 연접한 땅이니 이것을 군주에게 돌릴 것이며 거룩하게 구별할 땅과 성전의 성소가 그 중앙에 있으리라 그런즉 군주에게 돌려 그에게 속할 땅은 레위 사람의 기업 좌우편과 성읍의 기지 좌우편이며 유다 지경과 베냐민 지경 사이에 있을지니라

그 나머지 모든 지파는 동쪽에서 서쪽까지는 베냐민의 몫이요 베냐민 경계선 다음으로 동쪽에서 서쪽까지는 시므온의 몫이요 시므온 경계선 다음으로 동쪽에서 서쪽까지는 잇사갈의 몫이요 잇사갈 경계선 다음으로 동쪽

에서 서쪽까지는 스불론의 몫이요 스불론 경계선 다음으로 동쪽에서 서쪽까지는 갓의 몫이며 갓 경계선 다음으로 남쪽 경계선은 다말에서부터 므리바가데스 샘에 이르고 애굽 시내를 따라 대해에 이르나니 이것은 너희가 제비 뽑아 이스라엘 지파에게 나누어 주어 기업이 되게 할 땅이요 또 이것들은 그들의 몫이니라 주 여호와의 말씀이니라

단 9:4-6
내 하나님 여호와께 기도하며 자복하여 이르기를 크시고 두려워할 주 하나님, 주를 사랑하고 주의 계명을 지키는 자를 위하여 언약을 지키시고 그에게 인자를 베푸시는 이시여 우리는 이미 범죄하여 패역하며 행악하며 반역하여 주의 법도와 규례를 떠났사오며 우리가 또 주의 종 선지자들이 주의 이름으로 우리의 왕들과 우리의 고관과 조상들과 온 국민에게 말씀한 것을 듣지 아니하였나이다

호 2:18
그 날에는 내가 그들을 위하여 들짐승과 공중의 새와 땅의 곤충과 더불어 언약을 맺으며 또 이 땅에서 활과 칼을 꺾어 전쟁을 없이하고 그들로 평안히 눕게 하리라

호 2:23
내가 나를 위하여 그를 이 땅에 심고 긍휼히 여김을 받지 못하였던 자를 긍휼히 여기며 내 백성 아니었던 자에게 향하여 이르기를 너는 내 백성이라 하리니 그들은 이르기를 주는 내 하나님이시라 하리라 하시니라

욜 2:18
그 때에 여호와께서 자기의 땅을 극진히 사랑하시어 그의 백성을 불쌍히 여기실 것이라

욜 3:1-2
보라 그 날 곧 내가 유다와 예루살렘 가운데에서 사로잡힌 자를 돌아오게 할 그 때에 내가 만국을 모아 데리고 여호사밧 골짜기에 내려가서 내 백성 곧 내 기업인 이스라엘을 위하여 거기에서 그들을 심문하리니 이는 그들이 이스라엘을 나라들 가운데에 흩어 버리고 나의 땅을 나누었음이며

욜 3:18
그 날에 산들이 단 포도주를 떨어뜨릴 것이며 작은 산들이 젖을 흘릴 것이며 유다 모든 시내가 물을 흘릴 것이며 여호와의 성전에서 샘이 흘러 나와서 싯딤 골짜기에 대리라

암 9:13, 15
여호와의 말씀이니라 보라 날이 이를지라 그 때에 파종하는 자가 곡식 추수하는 자의 뒤를 이으며 포도를 밟는 자가 씨 뿌리는 자의 뒤를 이으며 산들은 단 포도주를 흘리며 작은 산들은 녹으리라…
내가 그들을 그들의 땅에 심으리니 그들이 내가 준 땅에서 다시 뽑히지 아니하리라 네 하나님 여호와의 말씀이니라

옵 1:19
그들이 네겝과 에서의 산과 평지와 블레셋을 얻을 것이요 또 그들이 에브라임의 들과 사마리아의 들을 얻을 것이며 베냐민은 길르앗을 얻을 것이며

옵 1:21
구원 받은 자들이 시온 산에 올라와서 에서의 산을 심판하리니 나라가 여호와께 속하리라

미 4:1-2
끝날에 이르러는 여호와의 전의 산이 산들의 꼭대기에 굳게 서며 작은 산들 위에 뛰어나고 민족들이 그리로 몰려갈 것이라 곧 많은 이방 사람들이 가며 이르기를 오라 우리가 여호와의 산에 올라가서 야곱의 하나님의 전에 이르자 그가 그의 도를 가지고 우리에게 가르치실 것이니라 우리가 그의 길로 행하리라 하리니 이는 율법이 시온에서부터 나올 것이요 여호와의 말씀이 예루살렘에서부터 나올 것임이라

슥 2:12
여호와께서 장차 유다를 거룩한 땅에서 자기 소유를 삼으시고 다시 예루살렘을 택하시리니

슥 9:11
또 너로 말할진대 네 언약의 피로 말미암아 내가 네 갇힌 자들을 물 없는 구덩이에서 놓았나니

5부

평화로 가는 길
하나님의 계획

제13장

일곱 가지 중동 평화안

1. 이슬람 아랍 평화안

2. 아랍 팔레스타인 평화안

3. **제네바 협정 평화안**

4. 열방의 평화안: 로드맵

   미국, 러시아, 유엔, 유럽연합

5. 이스라엘-유대인 성경적 평화안: 엘론 제안(Elon Initiative)

6. 요르단-이스라엘-팔레스타인 연합안: 하산 빈 탈랄 왕자 제안

7. 이스라엘-아브라함 자손 평화안: 성경적 화해 로드맵

PLAN 1
이슬람 아랍 평화안

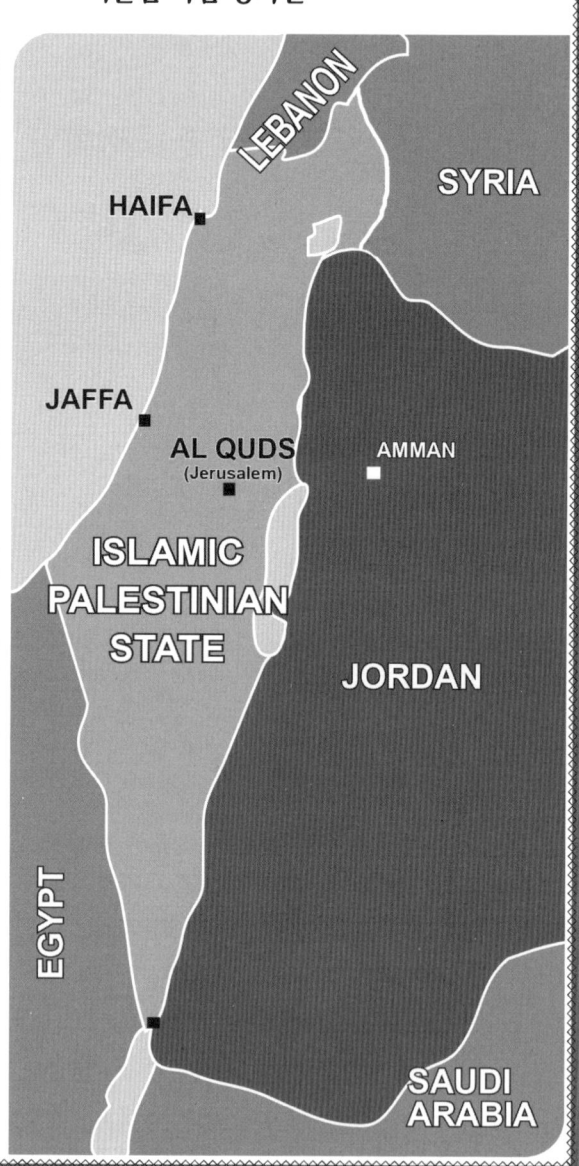

이스라엘은 민족으로서 존재를 멈추게 된다.

'이슬람'이라는 단어는 복종과 굴복을 의미한다. 이슬람은 이스라엘의 언약의 하나님과, 아브라함·이삭·야곱(후에 이름이 이스라엘로 바뀐 자)과 맺으신 아브라함 언약에 대한 반역 속에서 탄생했다.

무슬림들은 거짓된 달 신을 숭배하며, 코란에서는 이삭이 아니라 이스마엘이라고 말한다. 그 결과, 궁극적인 이슬람 평화안은 이스라엘 전체가 이슬람 세계의 중심부에 속한 이슬람 팔레스타인 국가가 되는 것이다. 그 대표적인 사례가 사우디아라비아와 이란이다.

PLAN 2
아랍 팔레스타인 평화안

팔레스타인 아랍 통치 아래 세워지는 국가, 그곳에서는 유대인들이 받아들여지고, 과거 튀니지나 모로코에서처럼 유대인들에 대한 폭력이 없는 나라.

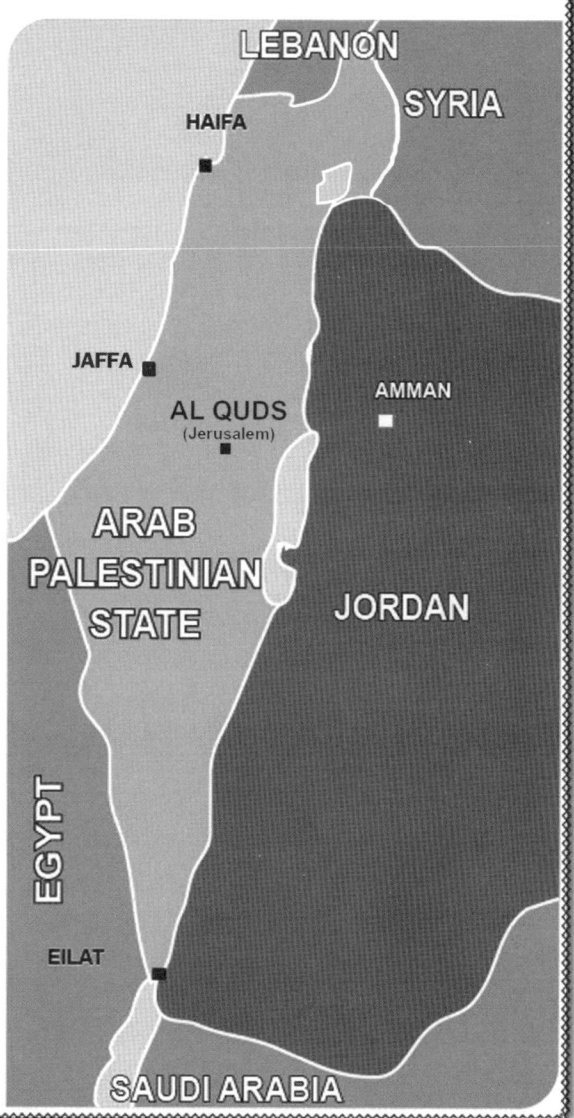

PLAN 3
제네바 협정 평화안

두 개의 주권적이고 독립된 국가, 곧 이스라엘 국가와 팔레스타인 국가가 요단강 서쪽에서 상호 인정된다. 예루살렘(구시가지 포함)은 두 수도로 분할된다. 성전산은 팔레스타인의 주권 아래 둔다. 두 국가 간의 국제 경계선은 1967년 경계선을 기준으로 하되, 1:1 비율의 토지 교환에 합의하는 경우는 예외로 한다.

세겜, 벧엘, 헤브론, 예루살렘에서 하나님께서 이스라엘과 언약을 맺으신 모든 장소들을 포함하여, 팔레스타인 주권 지역에 거주하는 현재 모든 유대인은 이스라엘 주권 지역으로 옮겨야 한다. 팔레스타인 난민들에게는 금전적 보상과 더불어 팔레스타인 주권 지역이나 현재 거주 중인 국가, 혹은 이스라엘을 포함한 다른 나라에서의 영주권이 주어진다.

PLAN 4
열방의 평화안 : 로드맵
- 미국, 러시아, 유엔, 유럽 연합

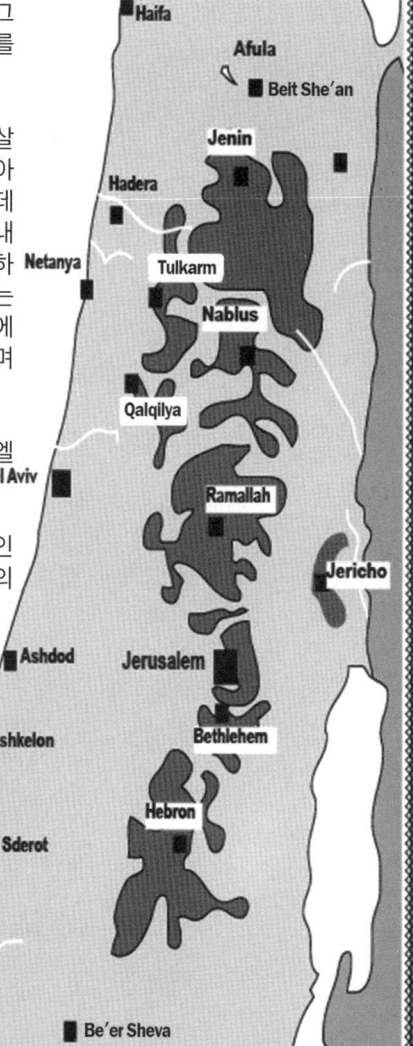

땅의 분할, 이스라엘을 나누어, 그 심장부에 이슬람 팔레스타인 국가를 세우려는 계획.

보라 그 날 곧 내가 유다와 예루살렘 가운데에서 사로잡힌 자를 돌아오게 할 그 때에 내가 만국을 모아 데리고 여호사밧 골짜기에 내려가서 내 백성 곧 내 기업인 이스라엘을 위하여 거기에서 그들을 심문하리니 이는 그들이 이스라엘을 나라들 가운데에 흩어 버리고 나의 땅을 나누었음이며 (욜 3:1-2)

열방의 평화안 로드맵은 이스라엘의 심장부를 완전히 분할한다. 이 계획은 하나님께서 유대인들과 언약을 맺으신 장소들에 있는 유대인 정착촌을 철거하고, 이스라엘의 집의 언약적 기둥과 기초를 뽑아내어 다른 것으로 대체하려 한다. 그들은 바로 그 장소들, 곧 요단강 서안, 즉 성경적으로는 유대와 사마리아라 불리는 이스라엘의 심장부에 이슬람 팔레스타인 국가의 기초를 놓으려 한다. 결국 두 국가가 이스라엘의 현 경계 안에서 분할되어 서로 인정받게 되는 것이다.

PLAN 5
이스라엘-유대인 성경적 평화안 : 엘론 제안

이 계획은 아브라함을 통해 유대인과 맺으신 하나님의 언약에 기초하여, 유대인 정착촌이 그대로 존속하는 것을 지지한다. 또한 이스라엘이 하나의 국가로 남는 것을 지지하며, 유대와 사마리아, 요단강 서안에 사는 아랍인의 시민권은 요르단으로 이전된다. 이 계획의 지도자들은 요르단이 곧 팔레스타인 아랍 이슬람 국가라고 주장한다.

흥미롭게도, 1981년 요르단의 후세인 국왕은 이렇게 말했다. "요르단이 곧 팔레스타인이며, 팔레스타인이 곧 요르단이다."

이 안은 두 국가를 인정한다.

*요단강 서쪽에는 이스라엘
*요단강 동쪽에는 팔레스타인

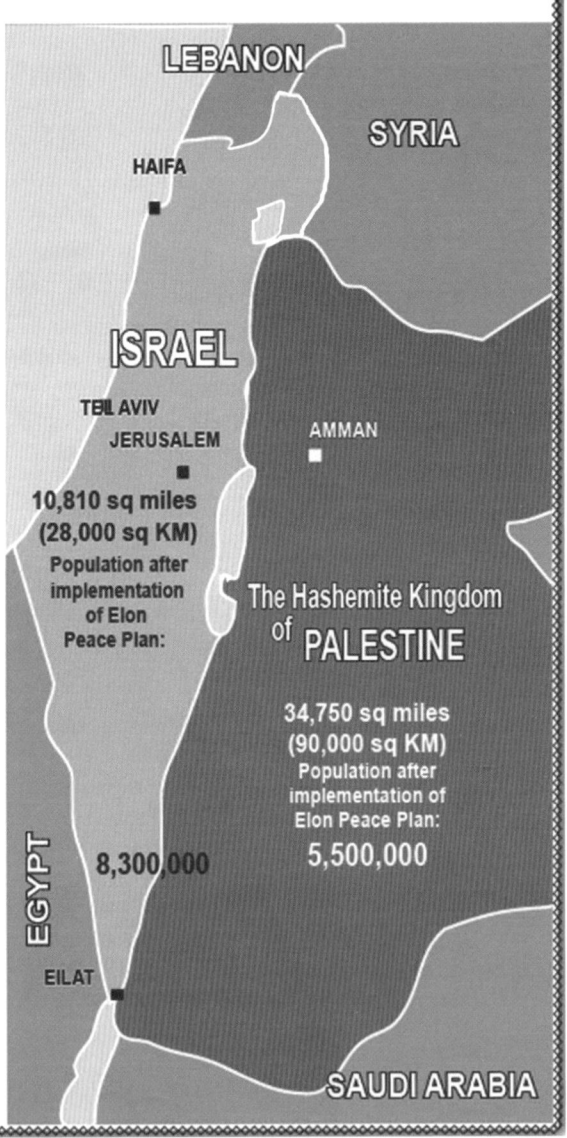

PLAN 6
아랍 하산 왕자 평화 제안

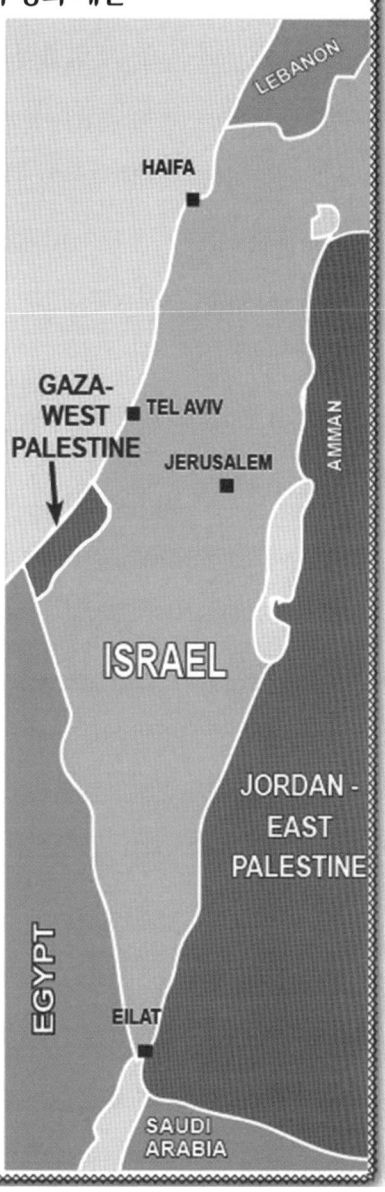

하심 왕가의 전 왕위 계승자이자 요르단의 고(故) 후세인 국왕의 동생인 하산 왕자는 라 스탐파와의 인터뷰에서 요르단은 모든 팔레스타인인을 포함해야 한다고 말했다. 그는 또한 요르단, 이스라엘, 팔레스타인이 베네룩스 3국(네덜란드, 벨기에, 룩셈부르크)처럼 상호의존적인 관계를 누려야 한다고 말했다. 하산의 제안은 팔레스타인인들이 유대와 사마리아에서 요르단-팔레스타인 연합의 일부가 될 수 있다는 점에서 엘론 제안과 유사해 보인다.

또 다른 이들도 요르단-팔레스타인 연합을 지지한다. 팔레스타인 측 아랍연맹 대사는 미들 이스트 타임즈와의 인터뷰에서, "세 국가 연합은 이미 요단강을 넘어 존재하는 강한 유대관계를 제도화할 것이며, 팔레스타인인과 요르단인이 하나의 정체성을 공유하므로 연합이 이스라엘인, 팔레스타인인, 요르단인 모두에게 가장 좋은 해결책"이라고 말했다. 이는 난민 문제와 국경 문제를 해결하고, 세 나라 모두의 경제에 이익이 될 것이라고 했다.

하산 왕자가 제안하지 않은 또 다른 구상은 이스라엘-요르단-팔레스타인 3자 연합이다. 유대와 사마리아(언약의 제단 장소)는 이스라엘의 일부로 남기고, 가자는 확장되어 '서팔레스타인'으로, 요르단의 '동팔레스타인'과 연결되며, 이집트와 이스라엘의 지원을 받는 구상이 있다. 만일 가자-서팔레스타인이 제한적인 자치 정부와 별도의 투표권을 가진다면, 이는 요르단이나 이스라엘의 정치적 인구 구도를 흔들지 않을 것이다.

협상과 기도를 통해, 유대인-엘론 제안과 아랍-하산 제안은 연결될 가능성이 있으며, 양쪽 모두 팔레스타인의 통합과 일치, 그리고 이스라엘의 주권을 제안한다는 공통점을 가지고 있다.

PLAN 7
이스라엘-아브라함 자손 평화안
: 성경적 화해 로드맵

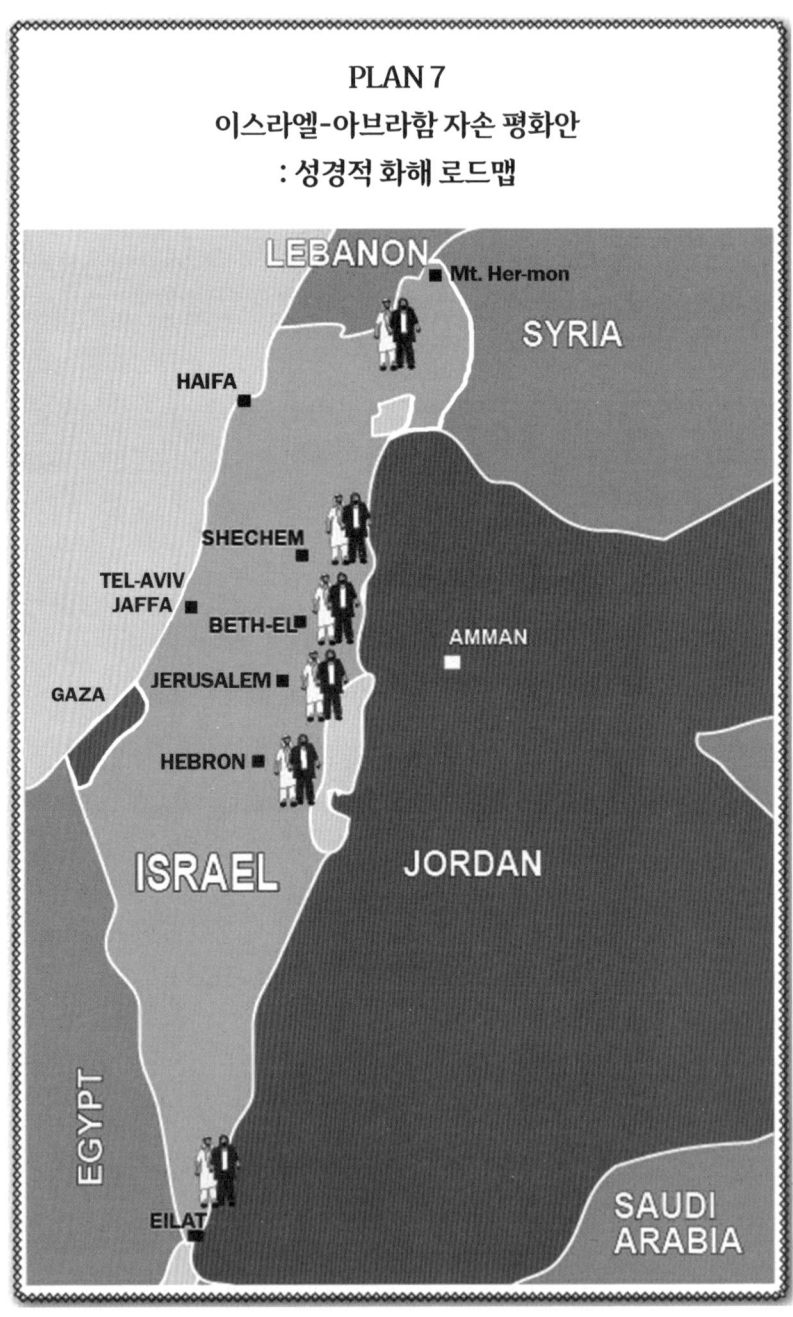

이 평화안은 아브라함과 맺으신 하나님의 언약, 곧 헐몬산(창 15장), 세겜, 벧엘, 헤브론, 예루살렘(창 12, 13, 17, 22장)이 성경을 믿는 유대인들과 전 세계 그리스도인들에 의해 존중되고 지켜진다는 것에 기초한다. 여기에 이스라엘 안에서, 그리고 이스라엘 전역에서 평화롭게 살기를 원하는 아랍인들도 포함된다. 유대인과 아랍인들은 아브라함 언약과 이스라엘의 하나님, 그리고 서로를 인식하고 화해하고 있다. 이것은 이집트에서 시작해 에일랏, 헤브론, 예루살렘, 벧엘, 세겜, 헐몬산을 거쳐 앗시리아에 이르는 성경적 화해의 로드맵이다. 유대인들과 함께 살기를 원하지 않는 아랍인들은 가자나 요르단, 혹은 그들을 받아줄 다른 나라로 옮길 수 있다.

이 평화안에서 이스라엘 전역은 유대 국가로 남으며, 그 안에서 평화롭게 살기를 원하는 아랍인들은 결국 유대인들과 함께 이스라엘 시민이 되어, 메시아의 오심을 준비하게 된다. 요단강 서안, 곧 유대와 사마리아에 있는 아랍 도시들은 자체적인 자치체와 시장을 두고 부분적 자치권을 가질 수 있으나, 여전히 이스라엘의 일부로 존재한다. 아랍 주민들은 일정 기간 임시 거주권을 가질 수 있으며, 그 조건으로 이스라엘 국가의 존재 권리와 유대·사마리아에 대한 하나님의 영원한 성경적 언약을 인정하고, 이스라엘 안에서 그리고 이스라엘과 함께 평화롭게 살기를 선택한다는 서신에 개인적으로 서명해야 한다. 지정된 시간이 지난 후에도 평화를 유지한다면 시민권을 받을 수 있다. 가자는 일정한 자치권을 갖거나 이집트 혹은 요르단과 이스라엘에 연결될 수 있으나, 그 주민들은 이스라엘의 일부가 되지 않으며, 이스라엘 시민권도 부여되지 않는다.

그런즉 너희가 이스라엘 모든 지파대로 이 땅을 나누어 차지하라
너희는 이 땅을 나누되 제비 뽑아
너희와 너희 가운데에 머물러 사는 타국인

곧 너희 가운데에서 자녀를 낳은 자의 기업이 되게 할지니
너희는 그 타국인을 본토에서 난 이스라엘 족속 같이 여기고
그들도 이스라엘 지파 중에서 너희와 함께 기업을 얻게 하되
타국인이 머물러 사는 그 지파에서 그 기업을 줄지니라
주 여호와의 말씀이니라(겔 47:21-23)

이 성경적 화해의 평화안은 이스라엘이 하나의 통일된 국가로 남는 것을 지지한다. 여기에는 유대와 사마리아에 팔레스타인 국가가 언급되지 않는다. 그러나 요르단 인구의 대다수와 가자의 모든 주민은 팔레스타인인이다. 이 '화해의 평화 로드맵'은 단지 이스라엘만을 위한 것이 아니라, 중동 전체를 위한 것이다! 이 평화안에 따르면, 2010년 인구 통계 기준으로 이스라엘의 인구 구성은 62%가 유대인, 38%가 아랍인이 될 것이다.

그 날에 애굽에서 앗수르로 통하는 대로가 있어
앗수르 사람은 애굽으로 가겠고 애굽 사람은 앗수르로 갈 것이며
애굽 사람이 앗수르 사람과 함께 경배하리라
그 날에 이스라엘이 애굽 및 앗수르와 더불어
셋이 세계 중에 복이 되리니
이는 만군의 여호와께서 복 주시며 이르시되 내 백성 애굽이여,
내 손으로 지은 앗수르여, 나의 기업 이스라엘이여,
복이 있을지어다 하실 것임이라(사 19:23-25)

궁극적인 평화는 오직 메시아의 오심으로 이루어질 것이다. 그러나 오늘 우리가 성령과 메시아께서 우리를 통해 일하시도록 맡길 때, 우리는 하나님과 서로 사이에 샬롬/살람(평화)을 누릴 수 있다.

이는 한 아기가 우리에게 났고 한 아들을 우리에게 주신 바 되었는데
그의 어깨에는 정사를 메었고 그의 이름은 기묘자라 모사라
전능하신 하나님이라 영존하시는 아버지라 평강의 왕이라 할 것임이라
그 정사와 평강의 더함이 무궁하며
또 다윗의 왕좌와 그의 나라에 군림하여 그 나라를 굳게 세우고
지금 이후로 영원히 정의와 공의로 그것을 보존하실 것이라
만군의 여호와의 열심이 이를 이루시리라 (사 9:6-7)

그 후에 그가 나를 데리고 문에 이르니 곧 동쪽을 향한 문이라
이스라엘 하나님의 영광이 동쪽에서부터 오는데
하나님의 음성이 많은 물 소리 같고
땅은 그 영광으로 말미암아 빛나니
그 모양이 내가 본 환상
곧 전에 성읍을 멸하러 올 때에 보던 환상 같고
그발 강 가에서 보던 환상과도 같기로
내가 곧 얼굴을 땅에 대고 엎드렸더니
여호와의 영광이 동문을 통하여 성전으로 들어가고
영이 나를 들어 데리고 안뜰에 들어가시기로
내가 보니 여호와의 영광이 성전에 가득하더라
성전에서 내게 하는 말을 내가 듣고 있을 때에
어떤 사람이 내 곁에 서 있더라
그가 내게 이르시되
인자야 이는 내 보좌의 처소, 내 발을 두는 처소,
내가 이스라엘 족속 가운데에 영원히 있을 곳이라
이스라엘 족속 곧 그들과 그들의 왕들이 음행하며
그 죽은 왕들의 시체로 다시는
내 거룩한 이름을 더럽히지 아니하리라 (겔 43: 1-7)

제14장

이스라엘 땅의 그림 지도
에덴동산에서 새 예루살렘까지

1. 에덴동산은 어디에 있었는가?(창 2:8-14)

2. 하나님의 아브라함 언약-이스라엘 백성과 온 땅

3. 아브라함의 대로와 첫 열매의 언약

4. 열두 지파 시대의 이스라엘 땅(수 1장)

5. 사울, 다윗, 솔로몬 시대의 이스라엘 땅

6. 1948년부터 1967년까지의 이스라엘 땅

7. 1967년 6일 전쟁 이후의 이스라엘 땅

8. 메시아의 통치(겔 47장) - 주님의 성전 산이 세워지고 모든 민족이 그리로 몰려올 것이다.(겔 43:1-7)

9. 에스겔이 본 예루살렘의 환상(겔 48장)

10. 새 예루살렘(사 65:17-19; 66:10-13; 계 21:10-21)

MAP 1
에덴동산은 어디에 있었는가?
(창 2:8-14)

해가 져서 어두울 때에 연기 나는 화로가 보이며 타는 횃불이 쪼갠 고기 사이로 지나더라 그 날에 여호와께서 아브람과 더불어 언약을 세워 이르시되 내가 이 땅을 애굽 강에서부터 그 큰 강 유브라데까지 네 자손에게 주노니(창 15:17-18)

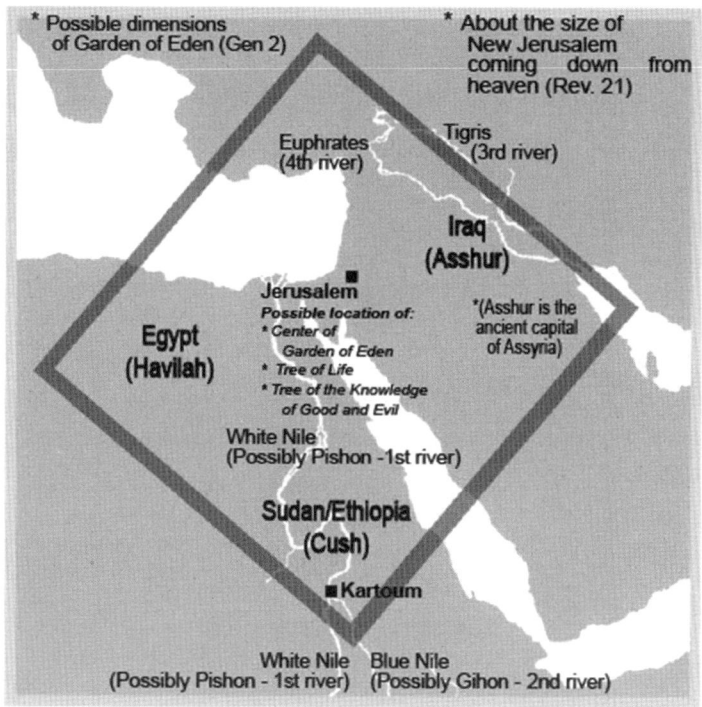

하나님께서는 다시금 이집트와 이스라엘과 앗시리아가 땅의 한가운데서 복이 되게 하실 것이라 약속하셨다(사 19:23-25). 또한 하나님께서는 결국 새 예루살렘을 하늘로부터 내려오게 하실 것이다(사 65:17-19; 66:10-13; 계 21장). 그 도성은 길이와 너비와 높이가 각각 12,000스타디온(약 1,400마일, 약 2,200킬로미터)이 될 것이며, 이는 나일강에서 유프라테스강까지, 곧 중동 전역을 덮는 거리에 해당한다.

MAP 2
하나님의 아브라함 언약
이스라엘 백성과 온 땅

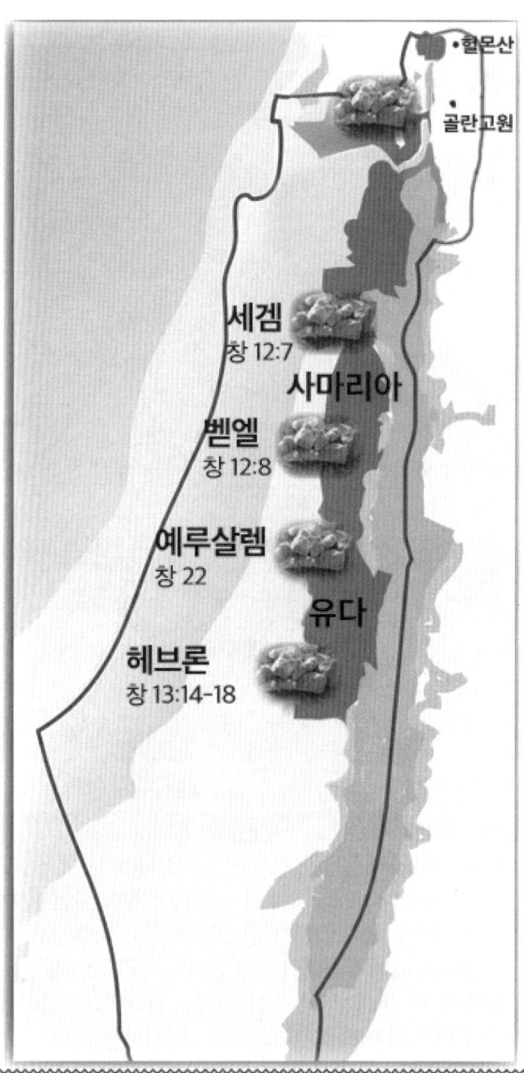

MAP 3
아브라함의 대로와 첫 열매의 언약

아브라함의 여정, 앗시리아에서 이스라엘과 이집트로의 길은 에덴동산의 첫 열매의 기초를 다시 세우는 걸음이었는가?

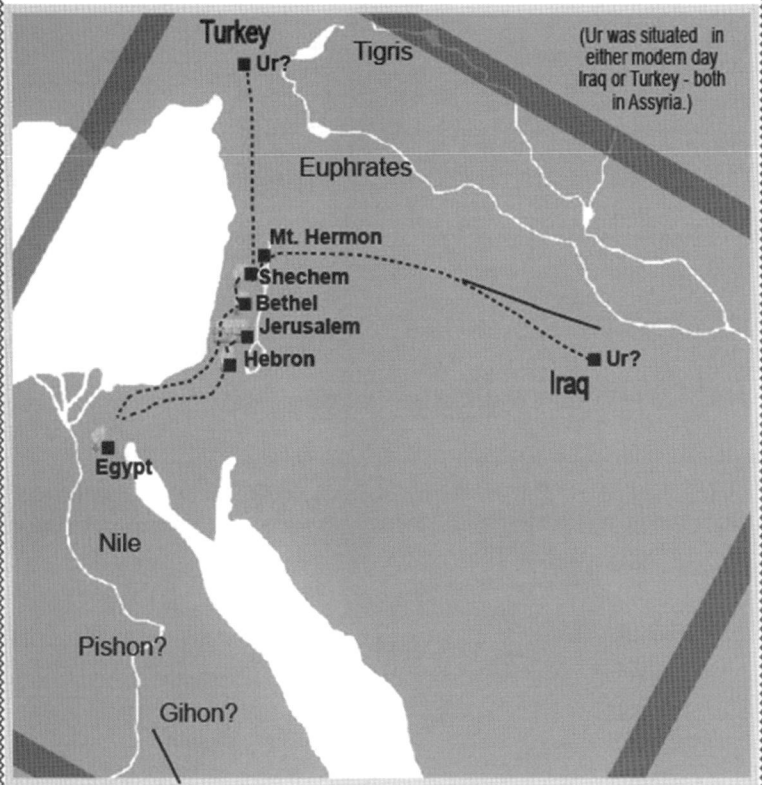

아브라함은 앗시리아의 우르에서 출발하여, 이스라엘을 지나 이집트까지 약속의 땅을 걸어갔으며, 길을 따라 세겜과 벧엘에 제단을 쌓았다. 그는 기근 때 이집트로 갔다가 돌아와 헤브론과 예루살렘에서 다시 제단을 쌓았다. 바로 예루살렘에서 하나님께서는 그가 이삭을 바치려던 손을 멈추게 하셨다(곧 에덴의 중심에서). 그는 또한 새 예루살렘이 하늘로부터 내려오는 것을 보았는데, 그 성은 터전이 있으며, 그 건축자와 조성자는 하나님이시다(사 65:17-19; 66:10-13; 히 11:8-10).

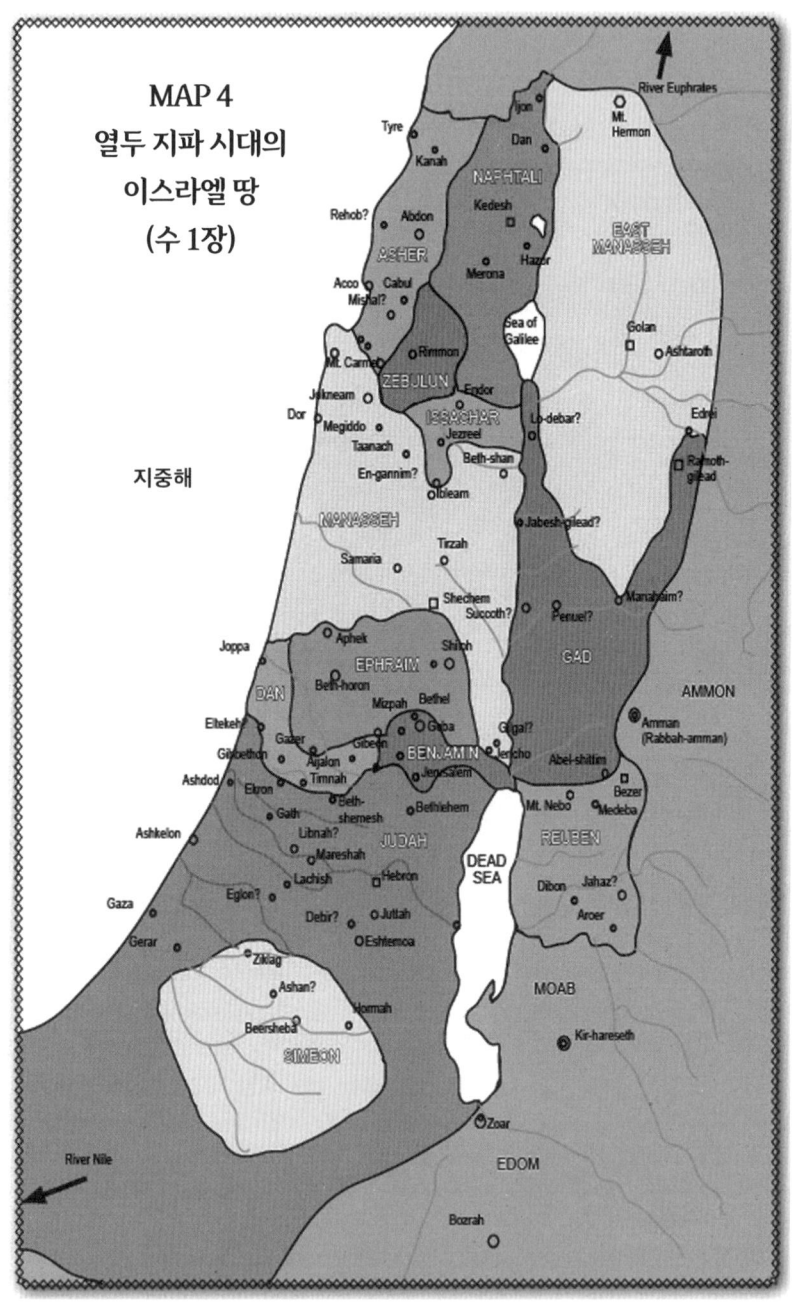

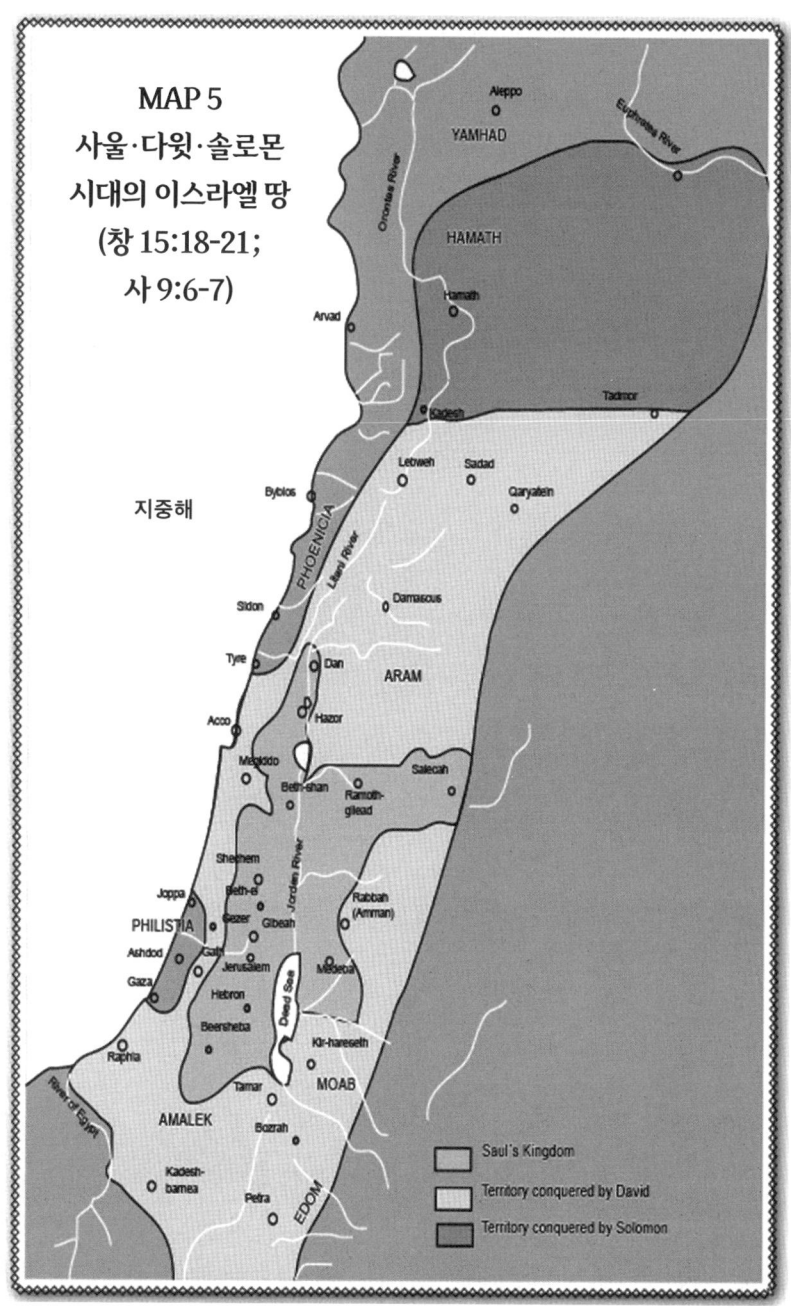

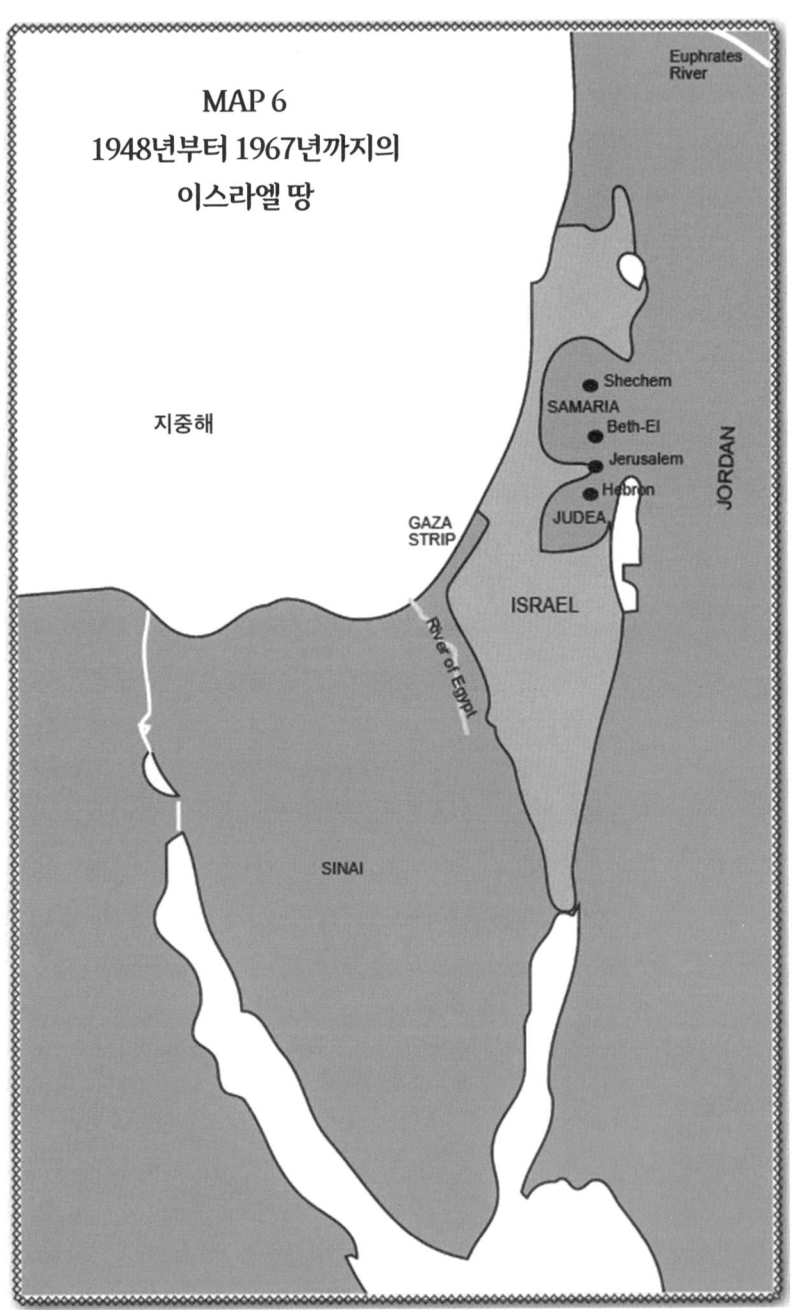

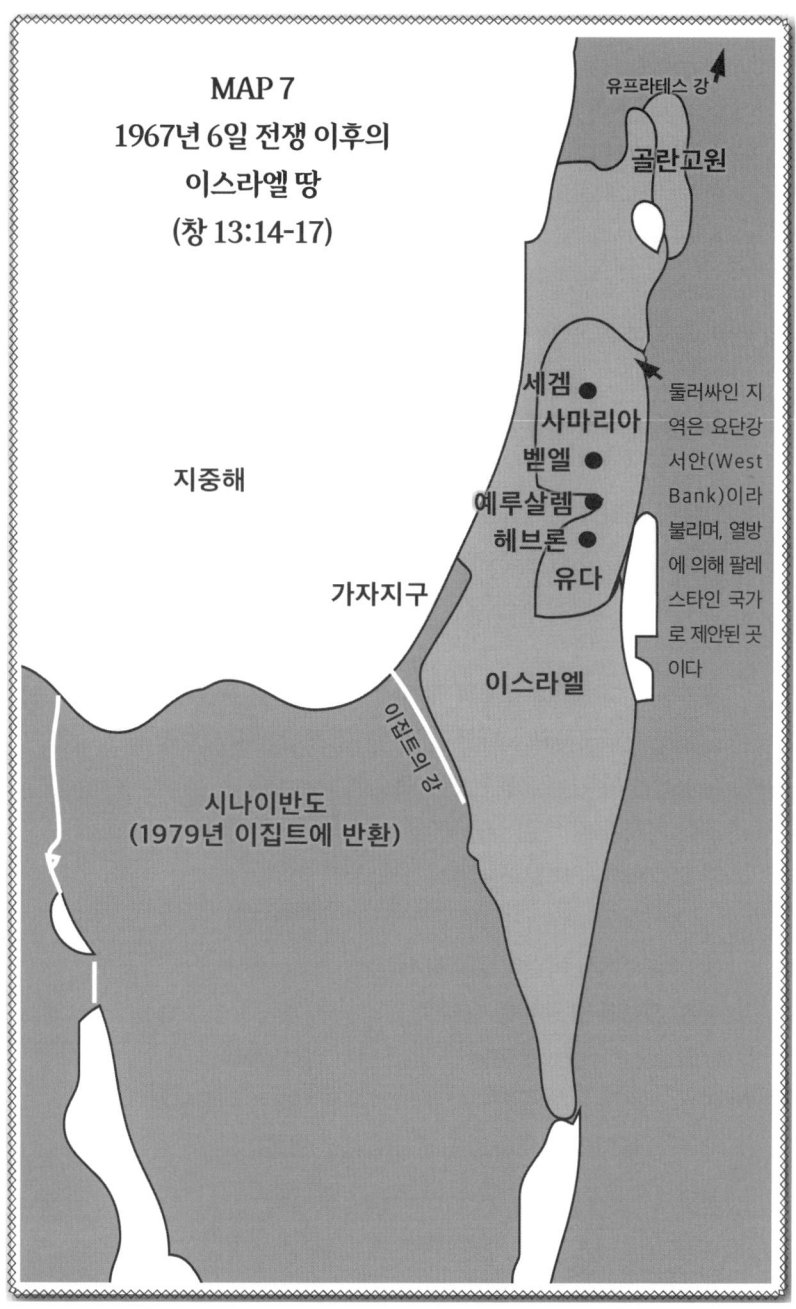

에스겔 36장 1절-12절

인자야 너는 이스라엘 산들에게 예언하여 이르기를
이스라엘 산들아 여호와의 말씀을 들으라
주 여호와께서 이같이 말씀하시기를
원수들이 네게 대하여 말하기를
아하 옛적 높은 곳이 우리의 기업이 되었도다 하였느니라

그러므로 너는 예언하여 이르기를
주 여호와께서 이같이 말씀하시기를
그들이 너희를 황폐하게 하고 너희 사방을 삼켜
너희가 남은 이방인의 기업이 되게 하여
사람의 말 거리와 백성의 비방 거리가 되게 하였도다

그러므로 이스라엘 산들아 주 여호와의 말씀을 들을지어다
산들과 멧부리들과 시내들과 골짜기들과 황폐한 사막들과
사방에 남아 있는 이방인의 노략 거리와
조롱 거리가 된 버린 성읍들에게
주 여호와께서 이같이 말씀하셨느니라

주 여호와께서 이같이 말씀하시기를
내가 진실로 내 맹렬한 질투로
남아 있는 이방인과 에돔 온 땅을 쳐서 말하였노니
이는 그들이 심히 즐거워하는 마음과 멸시하는 심령으로
내 땅을 빼앗아 노략하여 자기 소유를 삼았음이라
그러므로 너는 이스라엘 땅에 대하여 예언하되
그 산들과 멧부리들과 시내들과 골짜기들에 관하여 이르기를

주 여호와께서 이같이 말씀하시기를
내가 내 질투와 내 분노로 말하였나니
이는 너희가 이방의 수치를 당하였음이라
그러므로 주 여호와께서 이같이 말씀하시기를
내가 맹세하였은즉
너희 사방에 있는 이방인이 자신들의 수치를 반드시 당하리라

그러나 너희 이스라엘 산들아 너희는 가지를 내고
내 백성 이스라엘을 위하여 열매를 맺으리니
그들이 올 때가 가까이 이르렀음이라
내가 돌이켜 너희와 함께 하리니
사람이 너희를 갈고 심을 것이며
내가 또 사람을 너희 위에 많게 하리니
이들은 이스라엘 온 족속이라
그들을 성읍들에 거주하게 하며 빈 땅에 건축하게 하리라
내가 너희 위에 사람과 짐승을 많게 하되
그들의 수가 많고 번성하게 할 것이라
너희 전 지위대로 사람이 거주하게 하여
너희를 처음보다 낫게 대우하리니
내가 여호와인 줄을 너희가 알리라

내가 사람을 너희 위에 다니게 하리니
그들은 내 백성 이스라엘이라
그들은 너를 얻고 너는 그 기업이 되어
다시는 그들이 자식들을 잃어버리지 않게 하리라

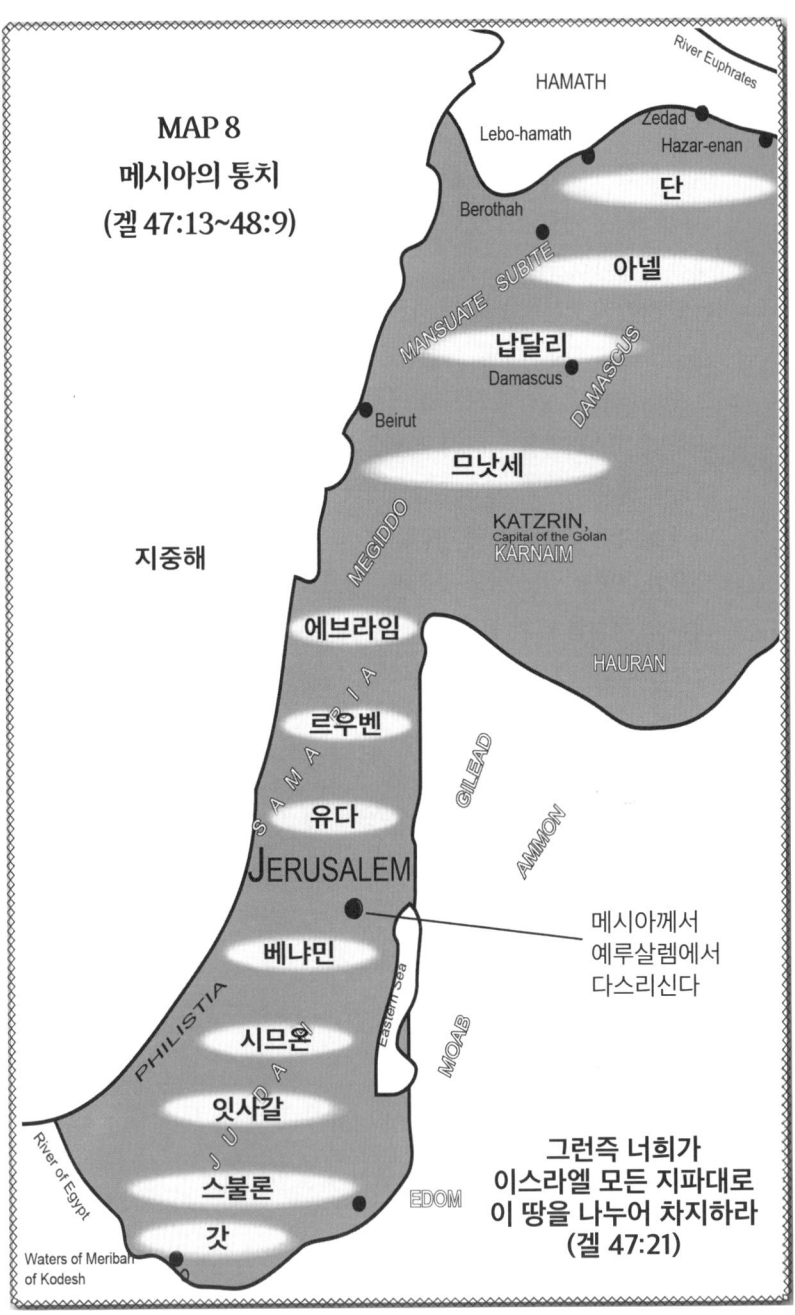

그 후에 그가 나를 데리고 문에 이르니 곧 동쪽을 향한 문이라 이스라엘 하나님의 영광이 동쪽에서부터 오는데 하나님의 음성이 많은 물 소리 같고 땅은 그 영광으로 말미암아 빛나니 그 모양이 내가 본 환상 곧 전에 성읍을 멸하러 올 때에 보던 환상 같고 그발 강 가에서 보던 환상과도 같기로 내가 곧 얼굴을 땅에 대고 엎드렸더니 여호와의 영광이 동문을 통하여 성전으로 들어가고 영이 나를 들어 데리고 안뜰에 들어가시기로 내가 보니 여호와의 영광이 성전에 가득하더라 성전에서 내게 하는 말을 내가 듣고 있을 때에 어떤 사람이 내 곁에 서 있더라 그가 내게 이르시되 인자야 이는 내 보좌의 처소, 내 발을 두는 처소, 내가 이스라엘 족속 가운데에 영원히 있을 곳이라 이스라엘 족속 곧 그들과 그들의 왕들이 음행하며 그 죽은 왕들의 시체로 다시는 내 거룩한 이름을 더럽히지 아니하리라(겔 43:1-7)

MAP 9
에스겔의 예루살렘 환상
(겔 48장)

그 성읍의 출입구는 이러하니라 북쪽의 너비가 사천오백 척이라
그 성읍의 문들은 이스라엘 지파들의 이름을 따를 것인데
북쪽으로 문이 셋이라 하나는 르우벤 문이요 하나는 유다 문이요
하나는 레위 문이며 동쪽의 너비는 사천오백 척이니 또한 문이 셋이라
하나는 요셉 문이요 하나는 베냐민 문이요 하나는 단 문이며
남쪽의 너비는 사천오백 척이니 또한 문이 셋이라 하나는 시므온 문이요
하나는 잇사갈 문이요 하나는 스불론 문이며
서쪽도 사천오백 척이니 또한 문이 셋이라 하나는 갓 문이요 하나는
아셀 문이요 하나는 납달리 문이며 그 사방의 합계는 만 팔천 척이라
그 날 후로는 그 성읍의 이름을 여호와삼마라 하리라(겔 48:30-35)

일부 그리스도인들은 요한계시록 20장 4절에 대한 이해에 근거하여, 메시아께서 천 년 동안 통치하실 것이라고 믿는다.

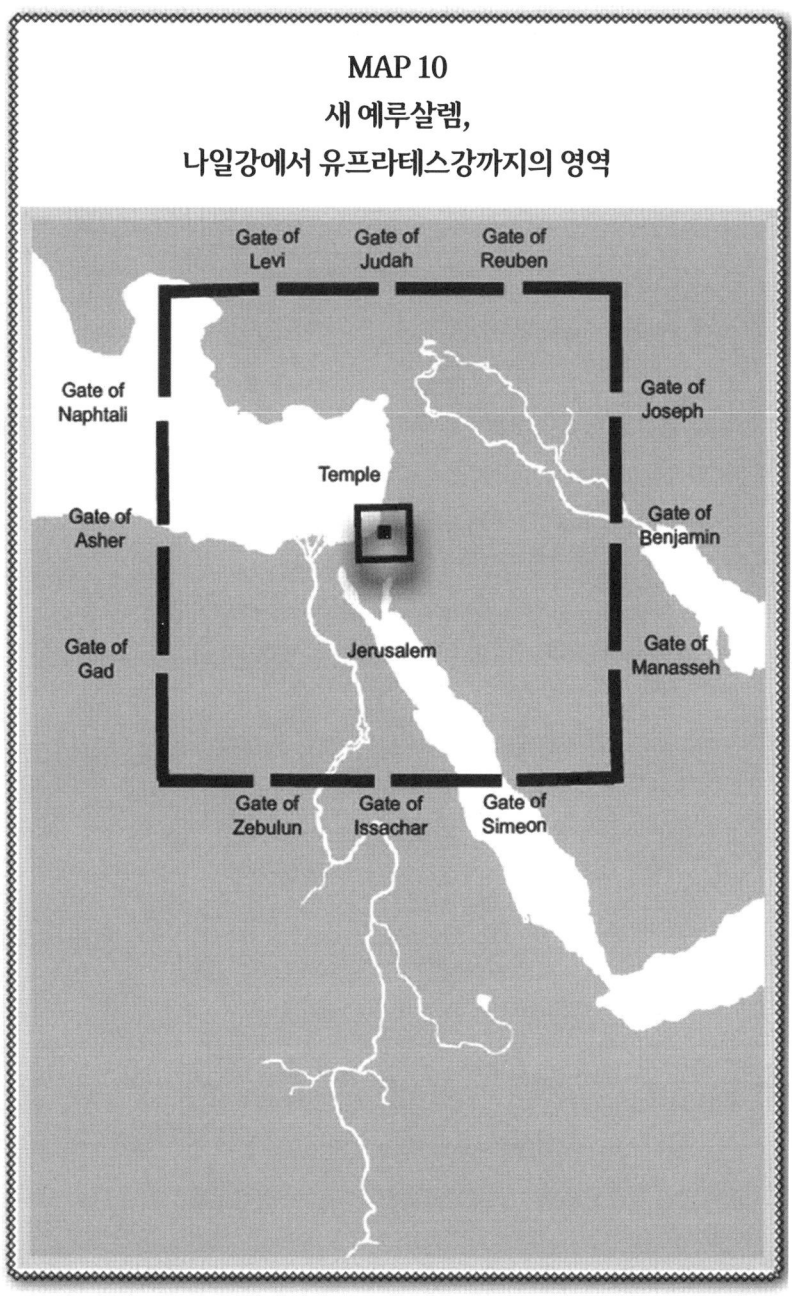

보라 내가 새 하늘과 새 땅을 창조하나니
이전 것은 기억되거나 마음에 생각나지 아니할 것이라
너희는 내가 창조하는 것으로 말미암아 영원히 기뻐하며 즐거워할지니라
보라 내가 예루살렘을 즐거운 성으로 창조하며 그 백성을 기쁨으로 삼고
내가 예루살렘을 즐거워하며 나의 백성을 기뻐하리니 우는 소리와
부르짖는 소리가 그 가운데에서 다시는 들리지 아니할 것이며
(사 65:17-19)

예루살렘을 사랑하는 자들이여
다 그 성읍과 함께 기뻐하라 다 그 성읍과 함께 즐거워하라
그 성을 위하여 슬퍼하는 자들이여
다 그 성의 기쁨으로 말미암아 그 성과 함께 기뻐하라
너희가 젖을 빠는 것 같이 그 위로하는 품에서 만족하겠고
젖을 넉넉히 빤 것 같이 그 영광의 풍성함으로 말미암아 즐거워하리라

여호와께서 이와 같이 말씀하시되
보라 내가 그에게 평강을 강 같이
그에게 뭇 나라의 영광을 넘치는 시내 같이 주리니
너희가 그 성읍의 젖을 빨 것이며 너희가 옆에 안기며
그 무릎에서 놀 것이라
어머니가 자식을 위로함 같이 내가 너희를 위로할 것인즉
너희가 예루살렘에서 위로를 받으리니(사 66:10-13)

성령으로 나를 데리고 크고 높은 산으로 올라가 하나님께로부터
하늘에서 내려오는 거룩한 성 예루살렘을 보이니
하나님의 영광이 있어 그 성의 빛이 지극히 귀한 보석 같고

벽옥과 수정 같이 맑더라
크고 높은 성곽이 있고 열두 문이 있는데 문에 열두 천사가 있고
그 문들 위에 이름을 썼으니 이스라엘 자손 열두 지파의 이름들이라
동쪽에 세 문, 북쪽에 세 문, 남쪽에 세 문, 서쪽에 세 문이니
그 성의 성곽에는 열두 기초석이 있고
그 위에는 어린 양의 열두 사도의 열두 이름이 있더라
내게 말하는 자가 그 성과 그 문들과 성곽을 측량하려고
금 갈대 자를 가졌더라
그 성은 네모가 반듯하여 길이와 너비가 같은지라
그 갈대 자로 그 성을 측량하니 만 이천 스다디온이요
길이와 너비와 높이가 같더라

그 성곽을 측량하매 백사십사 규빗이니 사람의 측량 곧 천사의 측량이라
그 성곽은 벽옥으로 쌓였고 그 성은 정금인데 맑은 유리 같더라
그 성의 성곽의 기초석은 각색 보석으로 꾸몄는데
첫째 기초석은 벽옥이요 둘째는 남보석이요 셋째는 옥수요
넷째는 녹보석이요 다섯째는 홍마노요 여섯째는 홍보석이요
일곱째는 황옥이요 여덟째는 녹옥이요 아홉째는 담황옥이요
열째는 비취옥이요 열한째는 청옥이요 열두째는 자수정이라
그 열두 문은 열두 진주니 각 문마다 한 개의 진주로 되어 있고
성의 길은 맑은 유리 같은 정금이더라(계 21:10-21)

저자 소개

탐 헤스Tom Hess는 1987년부터 예루살렘 올리브 산에 거주하며 사역해 오고 있다. 그는 '예루살렘 열방 기도의 집(Jerusalem House of Prayer For All Nations, JHOPFAN)'을 설립했고 '올네이션스 컨버케이션 예루살렘 & 워치맨 투어 이스라엘(All Nations Convocation Jerusalem & Watchmen's  Tour of Israel)'을 이끌고 있다. 올리브 산에 자리한 예루살렘 열방 기도의 집은 1987년부터 하루도 쉬지 않고 24시간 하프 앤 볼 예배와 기도를 이어오고 있다.

탐 헤스는 '프로그레시브 비전 출판 & 미디어(Progressive Vision Publishing & media)'를 설립해 30여 권의 책을 출판했으며 50개 언어로 2백만 부 이상 인쇄됐다. 그의 저서로는 『The Watchman 파수꾼』, 『Let My People Go 내 백성을 가게 하라』, 『Pray for the Peace of Jerusalem 예루살렘의 평화를 위해 기도하라』, 『Restoration of the Tabernacle of David 다윗의 장막의 회복』, 『Prepare the Way for the King of Glory 영광의 왕이 오실 길을 예비하라』, 『God's Abrahamic Covenants with Israel & The Church 하나님께서 이스라엘과 교회와 맺으신 언약』, 『House of Prayer for All Nations 열방 기도의 집』 등이 있다.

탐 헤스는 하나님과 그분의 왕국을 위해 그리고 모든 열방이 함께 왕을 예배하도록 하는 일에 헌신하고 있다. 유대인과 아랍인이 메시아 안에서 화해하여 예루살렘과 이스라엘이 이집트와 앗수르와 더불어 세계 중에 복이 될 것을 바라며 영광의 왕이 오실 길을 예비해, 왕께서 올리브 산에 발을 디디고 서시며 예루살렘에서 다윗의 왕좌에 앉아 이스라엘과 열방의 왕으로 다스리실 날이 오도록 전념하고 있다. 그와 아내 케이트는 위대한 왕의 도시 예루살렘의 올리브 산에서 왕을 섬기는 일꾼이자 풀타임 스태프 50명과 함께 하나님 나라의 사도적·예언적 공동체를 감독하며 이끌고 있다.

God's Abrahamic Covenants with Israel & The Church

Copyright © 2003, 2020 by Progressive Vision Publishing
Originally published by
Progressive Vision Publishing, P.O. Box 31393, Jerusalem 91313, Israel
Korean translation Copyright © 2025 by Brad Books
116-18, Baengma-ro 502beon-gil, Ilsandong-gu, Goyang-si, Gyeonggi-do, Republic of Korea
All rights reserved.

하나님의 아브라함 언약 - 이스라엘과 교회

초판 발행	2025년 10월 31일
발행처	브래드 북스
발행인	이금선
편집	김보령
교정	Brad Books 편집팀
디자인	신성희
출판등록	2011년 5월 13일 (신고번호 제2011-0000085호)
주소	경기도 고양시 일산동구 백마로 502번길 116-18
홈페이지	bradtv.net
이메일	bradfilm123@gmail.com
ISBN	979-11-989735-2-8 (03230)
가격	14,500원

이 책은 이사야 2장 3절의 말씀에 따라 집필되었습니다.
"이는 율법이 시온에서부터 나오며 여호와의 말씀이 예루살렘에서부터 나올 것임이라"

* 저작권자의 허락 없이 이 책의 일부 또는 전체를 무단 복제, 전재, 발췌할 경우 저작권법에 의해 처벌받습니다.